うんこ夏休みドリル

目《もく》次《じ》

国語は反対側《はんたいがわ》から始《はじ》まるよ！

算数

理科

社会

2年生のふく習《しゅう》①

学習日　月　日

1 おじさんが67人で，大きなうんこを引きずっています。
おばさんが88人助《たす》けに来ました。
あわせて何人になりましたか。

式《しき》

筆《ひっ》算

答え ＿＿＿＿＿＿＿＿

2 かりゅうどが，106m先にあるうんこに向《む》かって矢を放《はな》ちましたが，かりゅうどから39mのところで地《じ》面《めん》に落《お》ちてしまいました。
矢が落ちたところからうんこまで，あと何mですか。

式

筆算

答え ＿＿＿＿＿＿＿＿

3 計算をしましょう。

①

	3	6
＋	7	4

②

	8	2
−	5	7

③

	1	5	1
−		8	5

2年生のふく習《しゅう》 ❷

学習日　　月　　日

1 「うんこみんなに配《くば》るマン」がうんこを配っています。
今，1人《ひとり》に6こずつ8人に配りました。
うんこを全部《ぜんぶ》で何こ配りましたか。

式《しき》

答え ＿＿＿＿＿＿＿＿

2 うんこの写真《しゃしん》を1まい持《も》っていくと，
ごぼうが7本もらえます。
うんこの写真が4まいで，
ごぼうは何本もらえますか。

式

答え ＿＿＿＿＿＿＿＿

3 計算をしましょう。

① 2×5　　② 4×9

③ 8×3　　④ 9×7

かけ算 ①

1 うんこを10こつるしたヘリコプターが2き，うんこを6こつるしたヘリコプターが10き，こちらにとんできました。ヘリコプターがつるしているうんこは，全部《ぜんぶ》で何こですか。

式《しき》

答え ＿＿＿＿＿＿＿＿

2 計算をしましょう。

① 10×4　　② 8×10

③ 0×1　　④ 9×0

3 □《うんこます》にあてはまる数を書きましょう。

① $3 \times 7 = 3 \times \square + 3$

② $6 \times 4 = 6 \times \square - 6$

かけ算 ②

学習日　　月　　日

1

父のうんこはとてもかたいので，
ハンマーで3回たたかないとわれません。
父は1日にうんこを2こします。
5日分のうんこを全部《ぜんぶ》わるためにハンマーで
たたく回数は，合計何回になりますか。

式《しき》

答え ＿＿＿＿＿＿＿＿

2

□《うんこます》にあてはまる数を書きましょう。

① 6×7＝□×6

② 4×8＝□×4

3

答えが8になるかけ算をすべて見つけましょう。

□×□　　□×□

□×□　　□×□

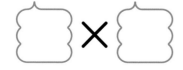

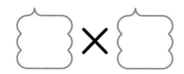

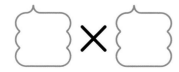

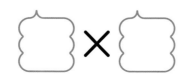

たし算 ❶

1

冒《ぼう》険《けん》家《か》が巨《きょ》大《だい》うんこに登《のぼ》っています。
今，452m登りました。
あと132mでちょう上です。
この巨《きょ》大《だい》うんこの高さは何mですか。

式《しき》

筆《ひっ》算

答え ＿＿＿＿＿＿＿＿

2

駅《えき》前でアンケートを取《と》りました。
「今月うんこをもらしましたか？」というしつ問《もん》に，
「いいえ」と答えた人は247人，
「はい」と答えた人は328人いました。
全《ぜん》部《ぶ》で何人にアンケートを取りましたか。

式

筆算

答え ＿＿＿＿＿＿＿＿

3

計算をしましょう。

①
	2	4	1
+	2	1	7

②
	3	8	4
+	1	6	5

③
	2	7	9
+	6	8	3

たし算 ❷

学習日　　月　　日

1

いつもは647円のうんこを買いますが，
今日《きょう》はそれより495円高い
「ダイナミックうんこ」を買うことにします。
ダイナミックうんこは何円ですか。

式《しき》

筆《ひっ》算

答え ＿＿＿＿＿＿＿＿

2

こういちくんとたけしくんが，
頭にうんこをのせてなわとびをしています。
こういちくんは405回とび，たけしくんは
こういちくんより348回多くとびました。
たけしくんは何回とびましたか。

式

筆算

答え ＿＿＿＿＿＿＿＿

3

計算をしましょう。

①
$$\begin{array}{r} 752 \\ +\,563 \\ \hline \end{array}$$

②
$$\begin{array}{r} 567 \\ +\,408 \\ \hline \end{array}$$

③
$$\begin{array}{r} 319 \\ +\,759 \\ \hline \end{array}$$

ひき算 ❶

学習日　月　日

1

山を歩いていたら，394ひきのハチにかこまれました。うんこを見せると，132ひきのハチがいなくなりました。ハチはあと何びきのこっていますか。

式《しき》

筆《ひっ》算

答え ＿＿＿＿＿＿＿＿

2

「うんこみんなに配《くば》るマン」がまたうんこを配っています。今日《きょう》配った数は575こです。きのうは729こ配りました。ちがいは何こですか。

式

筆算

答え ＿＿＿＿＿＿＿＿

3

計算をしましょう。

①

	5	8	8
−	2	3	7

②

	8	7	1
−	3	4	6

③

	6	4	3
−	4	5	9

8
算数

ひき算 ❷

学習日　月　日

1

「うんこおやじのジャングルどっか〜ん大冒険《だいぼうけん》！」は，505ページもある本です。やっと258ページまで読みました。あと何ページで読み終《お》わりますか。

式《しき》

筆算《ひっ》

答え ＿＿＿＿＿＿＿＿

2

うんこ空とばしマシンは，スイッチを全部《ぜんぶ》おすとうんこを空にとばせます。スイッチは1000こあります。今，835こおしました。あと何こスイッチをおせば，うんこを空にとばせますか。

式

筆算

答え ＿＿＿＿＿＿＿＿

3

計算をしましょう。

①
$$\begin{array}{r} 602 \\ -\ 426 \\ \hline \end{array}$$

②
$$\begin{array}{r} 370 \\ -\ 288 \\ \hline \end{array}$$

③
$$\begin{array}{r} 1000 \\ -\ \ 777 \\ \hline \end{array}$$

9
算数

大きな数のたし算とひき算

学習日　　月　　日

1

うんこの上に2643年すわっているうんこ仙人《せんにん》がいます。その横《よこ》に，うんこ仙人《せんにん》よりさらに1518年も長くすわっているおじさんがいます。おじさんは何年うんこの上にすわっていますか。

式《しき》

筆《ひっ》算

答え ＿＿＿＿＿＿＿＿

2

歩いていたら，うんこに足が引っかかって3685円落《お》としてしまいました。
そのうち1293円は見つかりました。
まだ見つかっていないお金は何円ですか。

式

筆算

答え ＿＿＿＿＿＿＿＿

3

計算をしましょう。

①

	5	3	1	6
+	2	8	4	5

②

	3	2	7	6
−		5	2	7

③

	4	0	8	3
−	2	5	0	9

わり算 ①

学習日
月
日

1 校長先生のうんこが12こあります。
3つのクラスで同じ数ずつ分けると，
1クラス分は何こになりますか。

式《しき》

答え ＿＿＿＿＿＿＿＿

2 うんこが黄緑《みどり》色になる薬《くすり》
「ウンコエメラルダー」が48じょうあります。
毎日同じ数ずつ飲《の》んだところ，
8日間でなくなりました。
1日何じょうずつウンコエメラルダーを
飲みましたか。

式

答え ＿＿＿＿＿＿＿＿

3 計算をしましょう。

① $6 \div 2$　　② $40 \div 5$

③ $28 \div 7$　　④ $36 \div 4$

わり算 ❷

学習日　　月　　日

1 うんこにさして使《つか》う「うんこピン」が20本あります。
うんこ1こに4本ずつさすと，
何このうんこにさすことができますか。

式《しき》

答え ＿＿＿＿＿＿＿＿

2 トカゲが49ひきおぼれています。ぼくのうんこ1こに，7ひきずつのることができます。うんこが何こあれば，すべてのトカゲを助《たす》けられますか。

式

答え ＿＿＿＿＿＿＿＿

3 計算をしましょう。

① $27 \div 3$

② $48 \div 6$

③ $56 \div 8$

④ $54 \div 9$

12 算数

わり算 ③

学習日　　月　　日

1 「うんこみんなに配《くば》るマン」がまたうんこを配っていますが，今日《きょう》は8こしか持《も》っていません。1人《ひとり》に1こずつ配ると，何人に配ることができますか。

式《しき》

答え ＿＿＿＿＿＿＿＿

2 うんこがもれそうな人が24人，タクシー乗《の》り場に走ってきました。1台に4人ずつ乗りました。タクシーはまだ3台のこっています。タクシーは全部《ぜんぶ》で何台ありますか。

式

答え ＿＿＿＿＿＿＿＿

3 計算をしましょう。

① $4 \div 1$　　② $5 \div 5$

③ $0 \div 9$　　④ $0 \div 1$

時こくと時間 ①

1 午前10時30分に駅《えき》のかいさつに着《つ》きましたが，駅員《いん》さんが「うんこを見せないと，ここから先は通さない」と言っています。せっとくするのに40分間かかって，やっと中に入れました。かいさつの中に入れた時こくは，何時何分ですか。

答え ＿＿＿＿＿＿＿＿

2 せなかにうんこをのせて，うで立てふせをします。午後3時10分まで，20分間つづけました。せなかにうんこをのせてうで立てふせを始《はじ》めた時こくは，何時何分ですか。

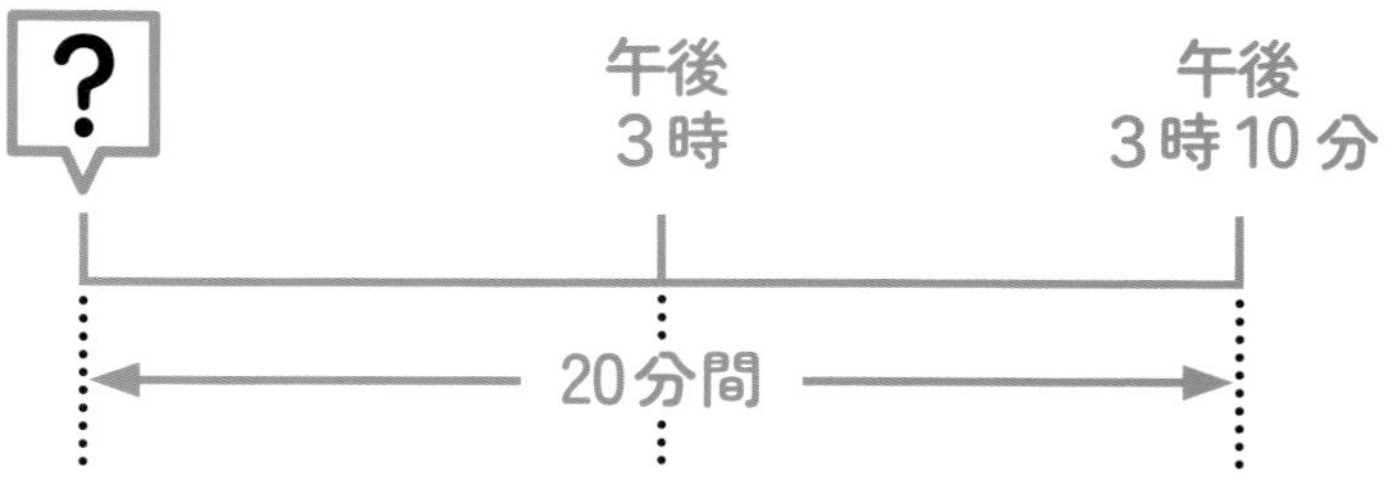

答え ＿＿＿＿＿＿＿＿

時こくと時間 ❷

学習日
月
日

1

午前7時50分に目がさめましたが，
ぼーっとしていたので，
自分がうんこまみれであることに
気づいたのは午前8時20分でした。
ぼーっとしていたのは，
何分間でしたか。

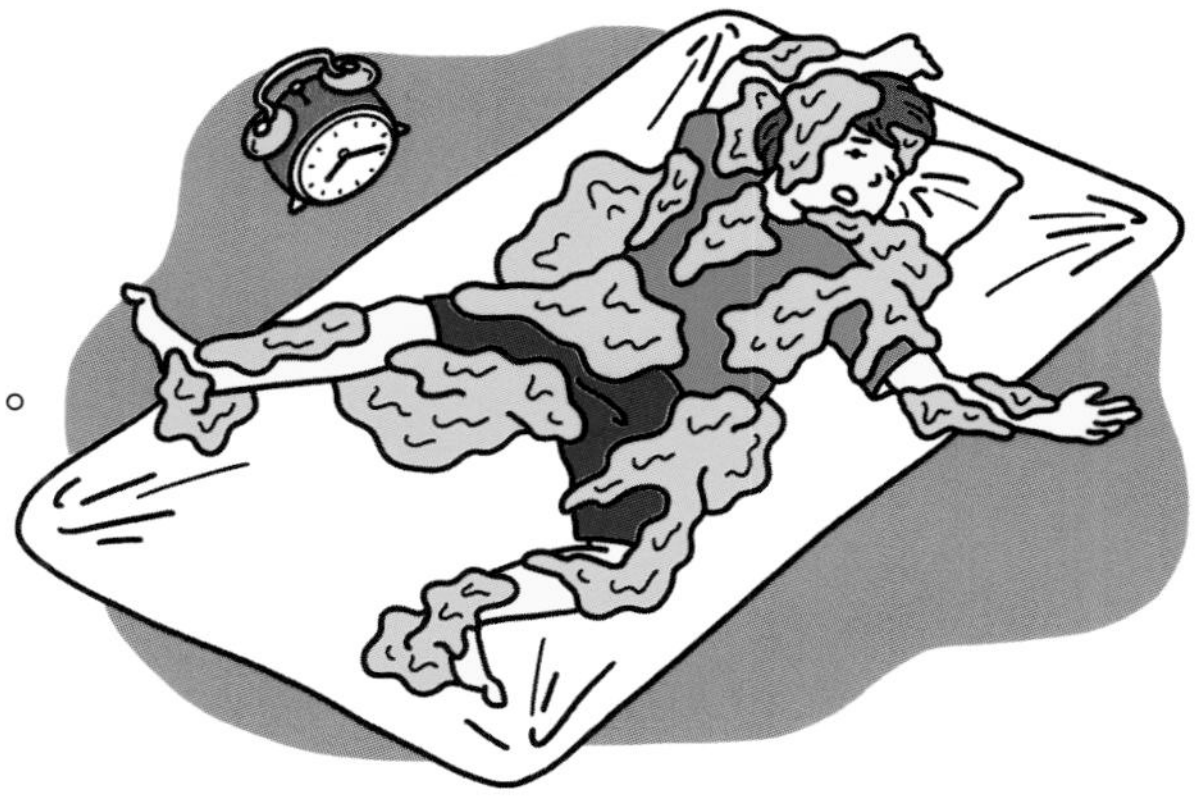

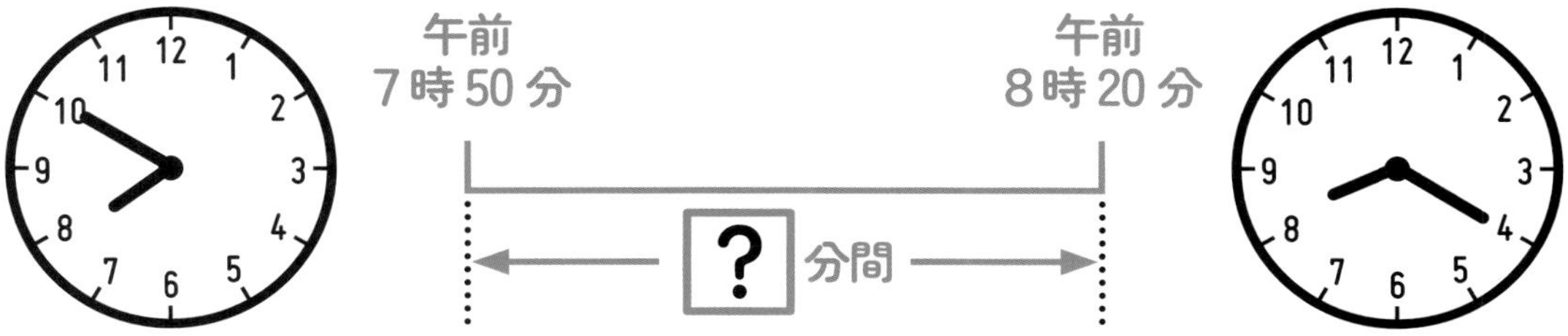

答え ＿＿＿＿＿＿＿＿

2

県《けん》でいちばんうんこにくわしい人が学校に来て，
お話をしました。お話は，午前9時30分から
午前11時10分まででした。
お話は，何時間何分でしたか。

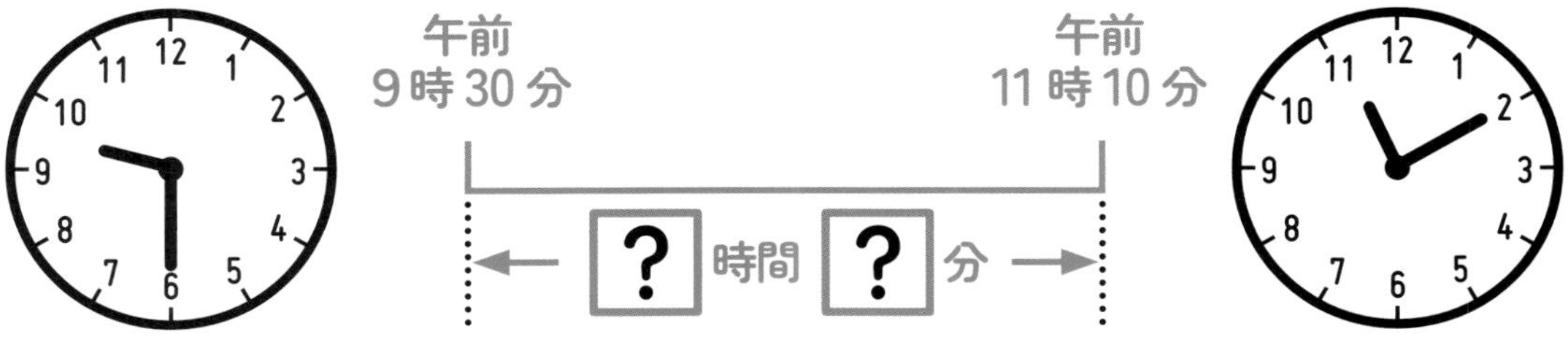

答え ＿＿＿＿＿＿＿＿

時こくと時間 ③

1 今日《きょう》は，午前に国語の勉強《べんきょう》を1時間10分，
午後にうんこの勉強を45分しました。
あわせて何時間何分勉強をしましたか。

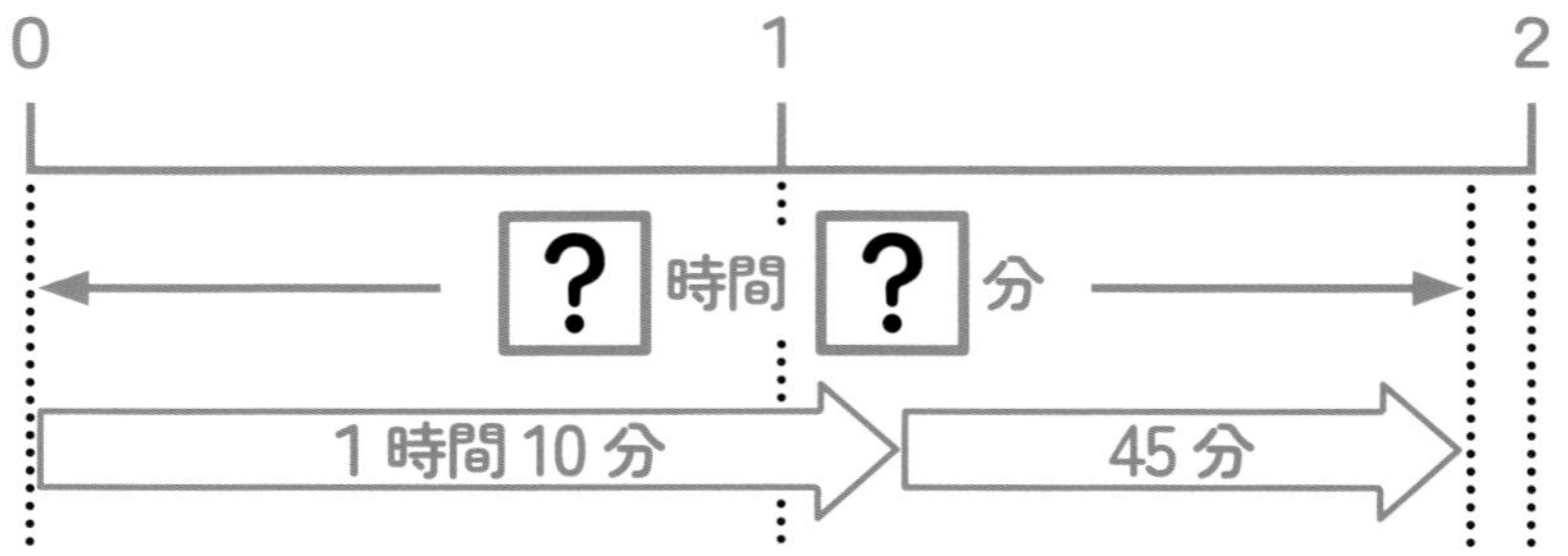

答え ＿＿＿＿＿＿＿＿

2 うんこの沼《ぬま》をわたるのに，
ふつうのおじさんは1時間30分かかりました。
冒険家《ぼうけんか》は40分でわたりました。
冒険家《ぼうけんか》はふつうのおじさんより
何分はやくうんこの沼《ぬま》をわたりましたか。

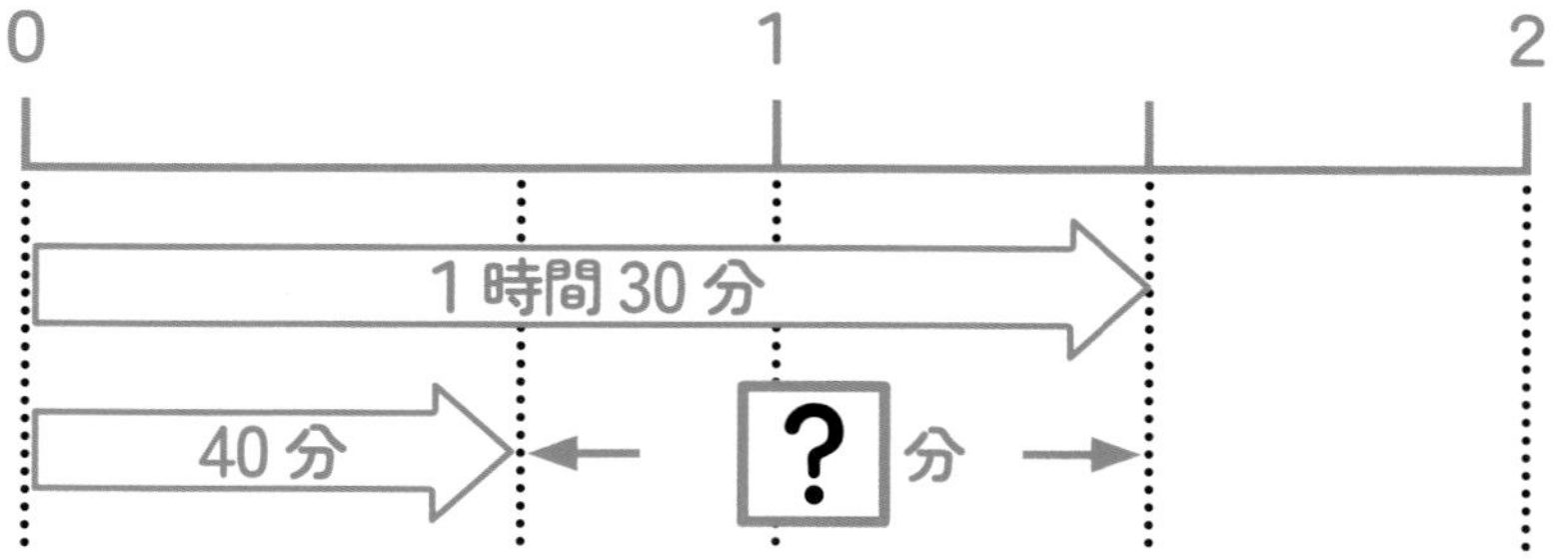

答え ＿＿＿＿＿＿＿＿

買い物《もの》の計算

学習日
月
日

1 245円のうんこと255円のうんこを1こずつ買いました。そのあとで，200円のノートも1さつ買いました。あわせて何円ですか。

式《しき》

筆《ひっ》算

答え ＿＿＿＿＿＿＿＿

2 道ばたで，うんこにサインを書いて売っているおじさんがいました。
1こ236円だったので，1こ買いました。
500円玉ではらうと，おつりは何円ですか。

式

筆算

答え ＿＿＿＿＿＿＿＿

3 お母《かあ》さんが本屋《や》で「ニューヨークのうんこ」という本を買いました。1348円でした。
5000円さつではらうと，おつりは何円ですか。

式

筆算

答え ＿＿＿＿＿＿＿＿

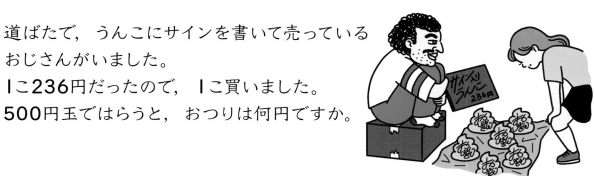

図に表《あらわ》して考えよう

学習日　　月　　日

1

天才はかせがうんこ空とばしマシンをかいぞうしています。きのうは高さ785mまでとびました。今日《きょう》は，きのうより187m高くとんだそうです。

今日，うんこは何mの高さまでとびましたか。

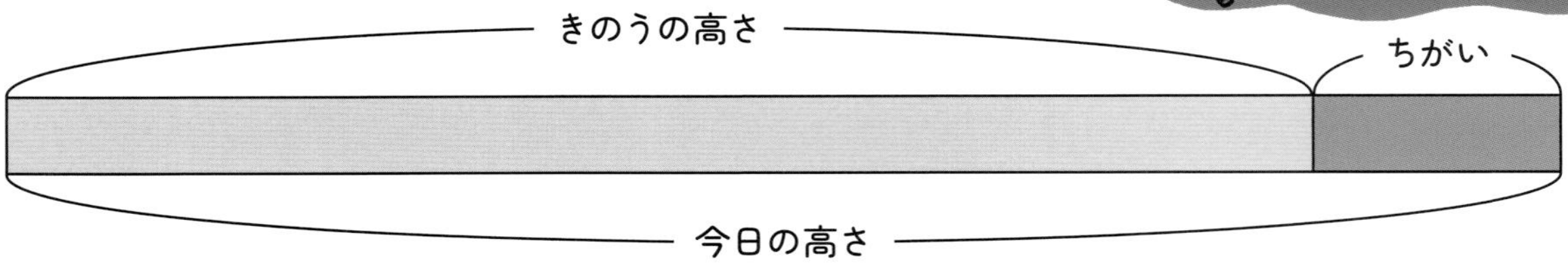

式《しき》

筆《ひっ》算

答え ＿＿＿＿＿＿＿＿

2

まん画「うんこ烈風伝《れっぷうでん》」は全部《ぜんぶ》で282かんまで出ています。
これは，「おいどん，うんこでごわす！」のかん数より36かん多いそうです。
「おいどん，うんこでごわす！」は全部で何かんありますか。

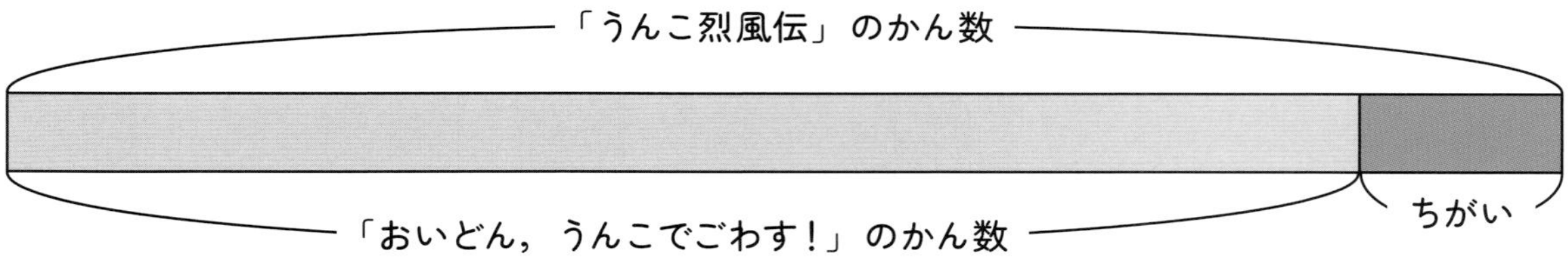

式

筆算

答え ＿＿＿＿＿＿＿＿

18
算数

あまりのあるわり算 ①

学習日
月
日

1 「うんこみんなに配《くば》るマン」の家の前に，
6人ならんでいます。52このうんこを，
6人に同じ数ずつ配りました。
1人《ひとり》に何こずつ配って，何こあまりましたか。

式《しき》

答え ずつ配って，　あまった。

2 「うんこキャッチ大《だい》作《さく》戦《せん》！」というゲームを
25回やることができます。
4人で同じ回数ずつ遊《あそ》びます。
1人《ひとり》が何回ずつ遊べて，何回あまりますか。

式

答え ずつ遊べて，　あまる。

3 計算をして，あまりももとめましょう。

① $5 \div 2$

② $16 \div 3$

③ $20 \div 6$

④ $41 \div 9$

あまりのあるわり算 ❷

1 うんこをビニールぶくろに入れて，さらに海水を3L入れて売ります。海水は17Lあります。うんこと海水が入ったビニールぶくろは何ふくろできて，海水は何Lあまりますか。

式《しき》

答え できて，　あまる。

2 お父《とう》さんは，7秒《びょう》ごとにうんこを1こ出せます。32秒あると，うんこを何こ出せて，何秒あまりますか。

式

答え 出せて，　あまる。

3 計算をして，あまりももとめましょう。

① $23 \div 4$

② $54 \div 8$

③ $47 \div 5$

④ $61 \div 9$

あまりのあるわり算 ③

1 南《なん》極《きょく》で超《ちょう》巨《きょ》大《だい》うんこが13こ見つかりました。
船で1回に2こずつ日本に運《はこ》びます。
何回で全《ぜん》部《ぶ》運べますか。

式《しき》

答え ＿＿＿＿＿＿＿＿

2 はばが50cmのたなに，はば8cmのうんこを
1列《れつ》にならべています。
うんこは何こならべられますか。

式

答え ＿＿＿＿＿＿＿＿

3 うちのルールでは，うんこを1回するたびに，
まん画を4さつ読めます。
全部で35かんのまん画を読み終《お》わるには，
うんこを何回すればよいですか。

式

答え ＿＿＿＿＿＿＿＿

植物《しょくぶつ》や動物《どうぶつ》を調《しら》べよう！

1 次《つぎ》の絵の植物《しょくぶつ》の名前を，下の［　　　］からえらんで〔　〕に書きましょう。

〔　　　　〕

〔　　　　〕

〔　　　　〕

タンポポ　　ウンコバナ　　ホウセンカ　　マリーゴールド

2 植物をかんさつしてきろくします。次のうち，かんさつカードにかくとよいことを<u>5つ</u>えらんで，〔　〕に○をつけましょう。

〔　〕葉《は》の色　　〔　〕葉の形

〔　〕葉の大きさ　　〔　〕木の上のうんこ

〔　〕天気　　〔　〕日づけ

〔　〕おじさんのうんこの形　　〔　〕おじさんの服《ふく》の文字

3 モンシロチョウがたまごから育《そだ》つじゅんになるように，
□《うんこます》に2～4の数字を書きましょう。

1
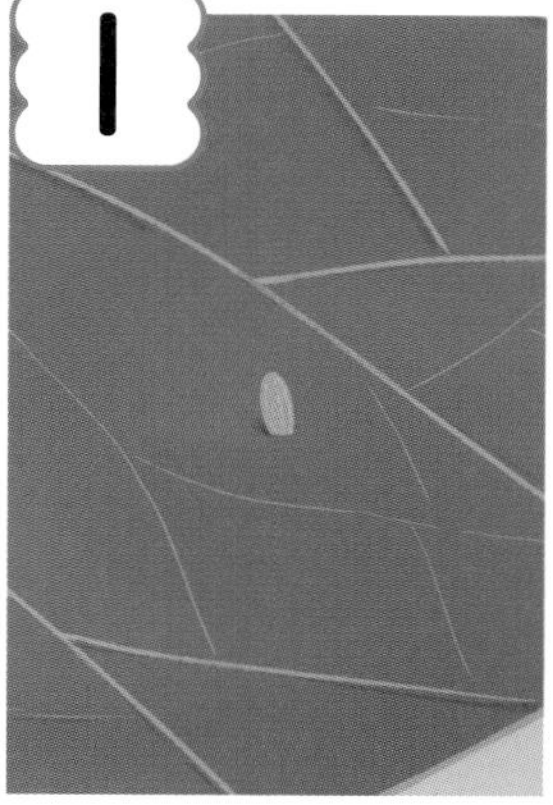

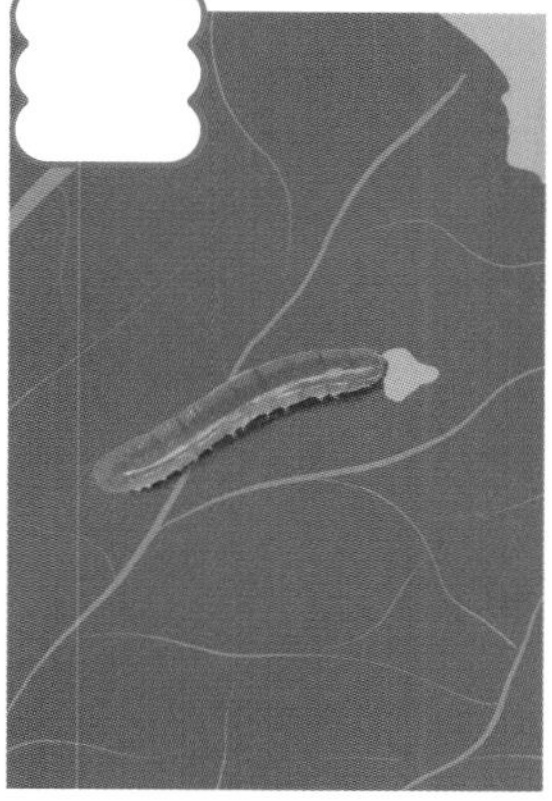

4 モンシロチョウのよう虫を育てます。
育て方としてよい方に，それぞれ○をつけましょう。

■育てるときの入れ物《もの》

{　} あなをあける　{　} そのまま使《つか》う

■よう虫のえさ（キャベツの葉《は》）

{　} 古い葉　{　} 新しい葉

■おく場所《しょ》

{　} 日光がちょくせつ当たるところ

{　} 日光がちょくせつ当たらないところ

{　} うんこが見えるところ

■よう虫をべつの入れ物にうつすとき

{　} 葉につけたままうつす

{　} 手でつまんでうつす

いろいろな
植物《しょくぶつ》や動物《どうぶつ》が
いるのじゃ！

絵地図を調《しら》べよう！

下の絵地図を見て答えましょう。

□ 家の多いところ　□ 店の多いところ　□ 緑《みどり》の多いところ

学習日　　月　　日

1 絵地図を見て，次《つぎ》の文の中の□《うんこます》に東・西・南・北のうち，あてはまるものを書きましょう。

① 公園は，学校の□にある。

② 公園は，うんこ記ねん館《かん》の□にある。

③ 交番は，ショッピングセンターの□で，
ゆうびん局《きょく》の□にある。

2 絵地図からわかることを2つえらんで，〔　〕に○をつけましょう。

〔　〕ショッピングセンターでうんこの大安《やす》売りをしている。

〔　〕駅《えき》の近くには店が多い。

〔　〕ゆうびん局にうんこを持《も》っていくとおこられる。

〔　〕ショッピングセンターのまわりには，緑《みどり》が多い。

〔　〕学校から駅までの間に，うんこが8こ落《お》ちている。

〔　〕父は市役所《やくしょ》でうんこをもらした。

〔　〕ゆうびん局は，寺より南にある。

〔　〕この地図は，うんこをしながらかいた。

地図を見れば，
まちの様子《ようす》が
わかるぞい。

うんこ問《もん》題《だい》を

1 24÷3の式《しき》になるような，うんこ問題《もんだい》を作ってみよう。

うんこ先生のお手本

24このうんこを, 皿《さら》に3こずつ美《うつく》しくもりつけます。
うんこをもりつけた皿は，何まいできますか。

上の4つの場面《めん》の絵をヒントに作ってみるのじゃ！

きみも，うんこ問題を書いてみよう！

夏の勉《べん》強《きょう》は

作ってみよう！

1

次《つぎ》の■の中から漢《かん》字を三字えらんで、うんこれい文を作ってみよう。

〈使《つか》う漢字〉

夏　海　晴　魚　船　楽　話

家　教　新　形　分　父　母

うんこ先生のお手本

夏にうんこをしたら、楽しい気分になった。

上の絵を見ながら、イメージを広げてみるのじゃ！

きみも、うんこれい文を書いてみよう！

全部《ぜんぶ》できたね！

終

おぼえたい言葉《ことば》

1

次《つぎ》の文に合う絵は、あ・いのどちらですか。□《うんこます》に書きましょう。

①高級《こうきゅう》なうんこをもらって感《かん》げきする。

あ

い

②どちらのうんこを持《も》っていこうかまよう。

あ

い

2

次の文の━《せん》の言葉《ことば》の意味《いみ》に合う文をあ～えからえらんで、□《うんこます》に書きましょう。

①今、先生がはっきりと「うんこ」と言った。

②うんこに向《む》かって走っていくすがたがいさましい。

③かれはさわやかにうんこを見せてくれた。

あ さっぱりしていて、よい感じをあたえる様子《ようす》。
い あてにできない様子。
う えんりょなくつたえる様子。
え おそれずに立ち向《む》かう様子。

三年生の漢字《かん》 ②

学習日　　月　　日

1 次《つぎ》の——《せん》の漢字《かん》の読みを、〔　〕に書きましょう。

① うんこの正しいかざり方を習う。〔　　〕

② これは、葉っぱを丸めて、中にうんこをつめたものです。〔　　〕

③ そろそろ、うんこをふんだという事実を受《う》け止めるべきだ。〔　　〕

2 □《うんこます》に漢字を書きましょう。

① 他《ほか》に、うんこについて□《い》□《けん》のある人はいますか。

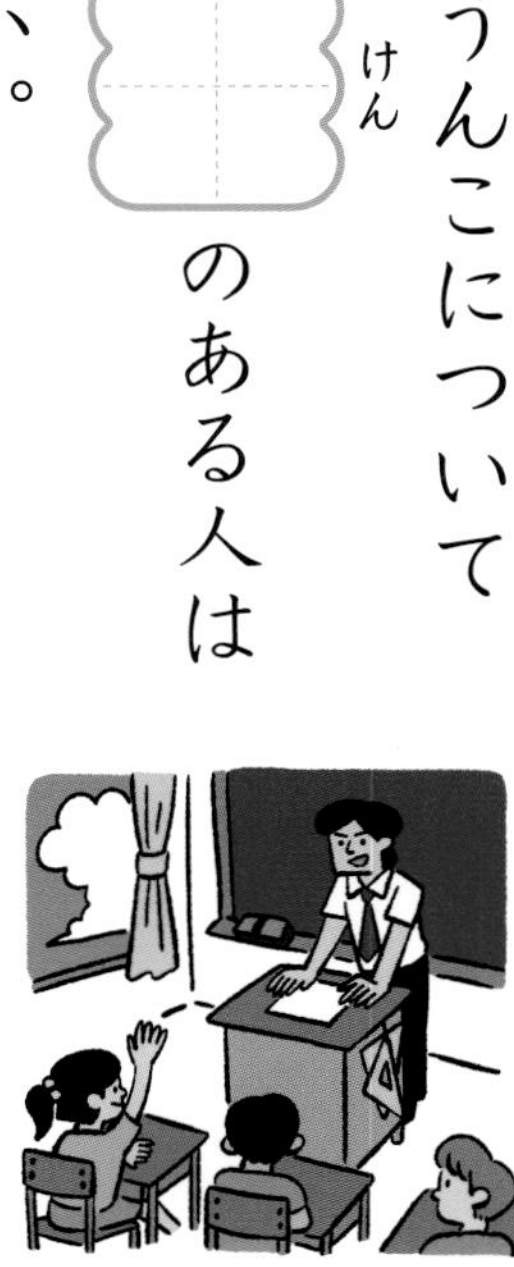

② うんこエスパー翔《しょう》は、遠くにあるうんこを□《かん》じることができる。

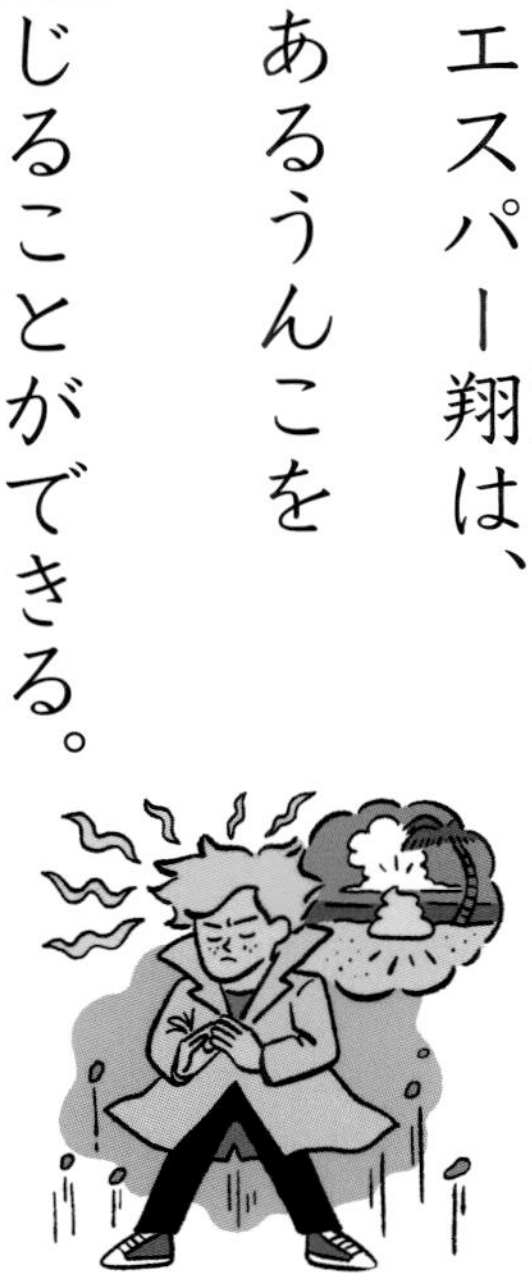

③ みなさん、じぶん□《じ》□《しん》のうんこを大切にしましょう。

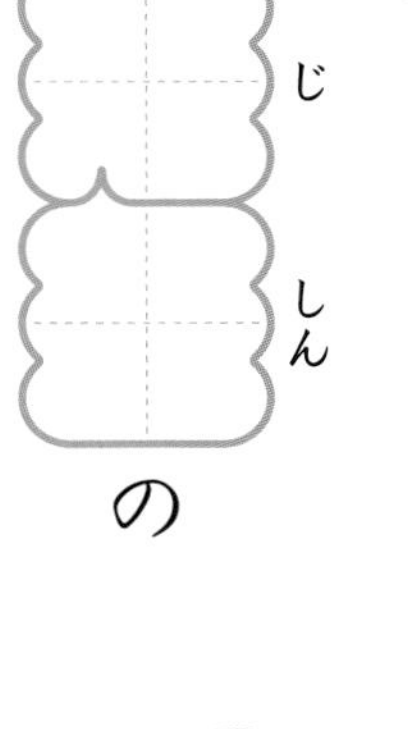

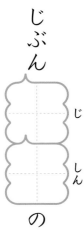

せつ明文の読み取《と》り ❷

学習日　　月　　日

1 次《つぎ》の文章《しょう》を読んで、後の問題《もんだい》に答えましょう。

17のつづき

ものすごい力を持《も》っているうんこエスパー翔《しょう》ですが、この力は、人間のうんこいがいのものにも通じるのでしょうか。

まずは、ねんどで本物《もの》そっくりに作ったうんこで実《じっ》けんしました。翔《しょう》がいくら見つめても、うんこは何もかわりませんでした。

次《つぎ》に、動物《どうぶつ》のうんこでためしました。けれども翔《しょう》が手を近づけていくら力をこめても、びくともしませんでした。

やはり人間のうんこでないと通じないようです。しかし、その理由《ゆう》はわかりません。本当にふしぎな力ですね。

① この文章の「問い《と》」は何ですか。

うんこエスパー翔《しょう》の力が、（　　　）いがいのものにも（　　　）のかについて。

② 「問い」に対《たい》する「答え」として、どんなことが書かれていますか。

- ねんどで（　　　）にも、（　　　）にも、力が通じないこと。
- （　　　）でないとだめということ。

せつ明文の読み取《と》り ①

1 次《つぎ》の文章《しょう》を読んで、後の問《もん》題《だい》に答えましょう。

うんこエスパー翔《しょう》という少年がいます。翔《しょう》は、ふしぎな力を持《も》っています。何も道具《どうぐ》を使《つか》わずに、うんこを消《け》したり動《うご》かしたりできるのです。

翔《しょう》が、つくえの上にあるうんこをじっと見つめると、うんこがどんどんとうめいになり、どこかへ消《き》えてしまいます。翔《しょう》が、うんこに手を近づけて力をこめると、うんこが少しずつ、ふわふわうかびます。

① 何の「話題」について書かれていますか。

うんこを（　　）たり（　　）たり（　　）たりできる、うんこエスパー翔《しょう》という少年について。

② うんこエスパー翔《しょう》が、文章にあるようなことをできるのは、どうしてですか。

翔《しょう》は、（　　）力を持っているから。

③ 翔《しょう》が何をするとうんこがふわふわうかびますか。

（　）うんこをじっと見つめる。

（　）うんこに手を近づけて力をこめる。

主《しゅ》語とじゅつ語

学習日
月
日

1 「何が（は）」「だれが（は）」に あたる言葉《ことば》を書きましょう。

① イノシシが うんこに ぶつかる。

（　　　）

② きのう、ぼくは 光る うんこを 見つけた。

（　　　）

③ 先生、うんこが 空を とんで います。

（　　　）

2 「どうする」にあたる言葉を 書きましょう。

① うんこを 大りょうに のせた トラックが 走る。

（　　　）

② ノコギリクワガタが、あごで うんこを はさむ。

（　　　）

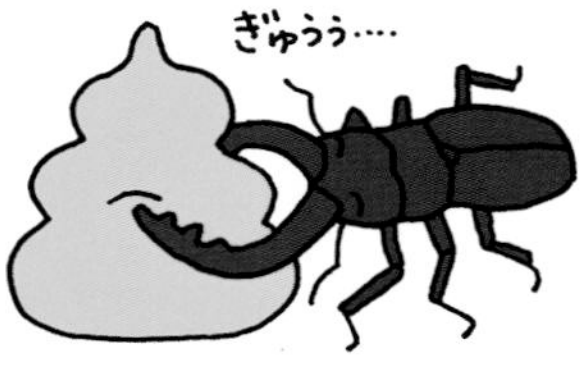

③ おばあちゃんが、うんこと うんこを ひもで むすぶ。

（　　　）

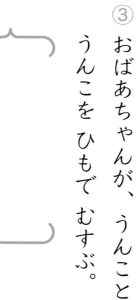

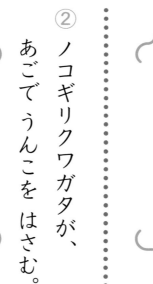

問《と》いと答えの読み取《と》り

1 □の文や文章《しょう》を読んで、後の問題《もんだい》に答えましょう。

うんこ発見《はっけん》マシンは、どのようにして遠くにあるうんこを発見するのでしょうか。

① この文の「問《と》い」は何ですか。

うんこ発見マシンが、どのようにして

（　　　　）にある

（　　　　）を

発見するのかについて。

うんこを
ハッケンしました
200m
先に
うんこが
200m先
にあります

ウンコムシはどうやって身《み》をかくすのでしょう。
ウンコムシは体の色を自由《ゆう》にかえられるので、どこにいてもなかなか見つからないのです。

② この文章の「問い」は何ですか。

ウンコムシがどうやって

（　　　　）

のかについて。

うんこ転《ころ》がし祭《まつ》りには、どうして毎年多くの人が集《あつ》まるのでしょう。村人のうんこで作ったうんこ玉がとても大きく、はく力《りょく》があるので、世界《せかい》中からかんこう客《きゃく》が見に来るのです。

③ この文章の「問い」に対《たい》する「答え」として、どんなことが書かれていますか。

（　　　　）がとても大きく、

（　　　　）がある

こと。

14 国語

こそあど言葉《ことば》

学習日　　月　　日

1 次《つぎ》の文にあてはまるこそあど言葉《ことば》をえらんで、○でかこみましょう。

①

「{これ／どの} 箱《はこ》に、うんこを入れましたか。」

「{あの／その} 箱です。」

②

「{あちら／どちら} のうんこは先生のものですか。」

「いいえ。先生のうんこは {そっち／こっち} です。」

2 次の文の、——《せん》のこそあど言葉が指《さ》しているものを書きましょう。

① 屋《おく》上へ、はじめて上がった。**そこ**では、校長先生がうんこをしていた。

（　　　　）

② 父が、うんこをわたしてきて、「**これ**を車に運《はこ》んでおいて。」と言った。

（　　　　）

③ たんていが、うんこまみれの人を指《ゆび》さして、「**あいつ**がはんにんだ！」とさけんだ。

（　　　　）

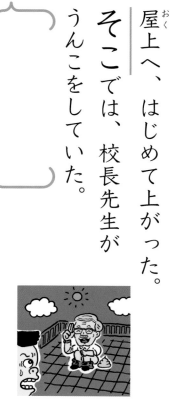

話題《だい》の読み取《と》り

学習日　　月　　日

1 の文章《しょう》を読んで、後の問題《もんだい》に答えましょう。

世《よ》の中にはいろいろな道具《どうぐ》があります。うんこをみがくための道具を、「うんこブラシ」といいます。

① 何の「話題」について書かれていますか。

うんこをみがくための

「　　　　」

について。

父と公園に行ったときのことです。大りょうのうんこが落《お》ちていて、父がふんづけました。父は「ぬはあ！」とさけび声をあげました。

② 何の「話題」について書かれていますか。

父がうんこを

（　　　　）ときの

さけび声について。

うんこケースにうんこをしまうときは、ならべ方に気をつけないといけません。上向《む》きと下向きできちんとならべると、たくさんのうんこをしまうことができます。

③ 何の「話題」について書かれていますか。

うんこを

（　　　　）ときの

（　　　　）について。

送《おく》りがなのある漢《かん》字 ②

学習日
月
日

1 [　　]《うんこます》に漢《かん》字の送《おく》りがなを書きましょう。

走る

① うんこを持《も》って
ろうかを走[　　]ない。

② メロスは親友にうんこを
とどけるために走[　　]た。

③ うんこがもれそうなので、
ゆっくり走[　　]う。

④ うんこをかかえながらでも
走[　　]ます。

2 次《つぎ》の言葉《ことば》を、文に合う形に直して（　　）に書きましょう。

言う

① もっと元気な声で「うんこ」と
（　　）う。

② さいしょに「うんこ」と
（　　）た人が
負《ま》けだよ。

③ 今さらうんこをもらしたとは
（　　）ない。

④ 二人《ふたり》で同時《どう》にうんこをする
ことを、「ツインうんこ」と
（　　）ます。

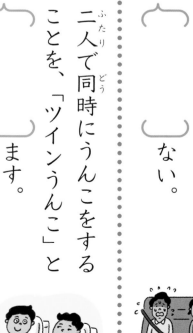

送《おく》りがなのある漢《かん》字 1

学習日　月　日

1

次《つぎ》の漢《かん》字と送《おく》りがなを、（　）に書きましょう。

① このまま夜が（あける）まで、うんこをがまんするつもりだ。

② このひもを引っぱると、うんこがくるくる（まわる）。

③ （あたらしい）うんこのにぎり方を（かんがえる）。

④ うんこの角《かど》がせなかに（あたる）。

⑤ こっちのうんこのほうが（ふとい）と（おもう）よ。

⑥ 今から十を（かぞえる）間に、うんこをかくした場所《しょ》を（おしえ）なさい。

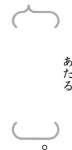

物語文の読み取り ❷

1 次の文章を読んで、後の問題に答えましょう。

❾のつづき

アーサーが家に帰るとちゅう、グレンが歩いてきました。グレンはいつも、

「世界で一番ハンサムなうんこはおれだ。」

とアーサーに言ってくるのです。

グレンを見かけたアーサーはため息をつきました。

「おっ。アーサーさん。今日もハンサムですね。おれの方がハンサムだけど。」

「どっちでもいいよ、わたしは。」

アーサーがさっさと家に入ったので、グレンは大声を出しました。

「おい！ 待ちなよアーサーさん！ ぜったいおれの方がかっこいいって！ ねえ！」

ハンサムすぎるのも、いろいろとたいへんなのです。

① グレンを見かけたアーサーは、どんな気持ちでしたか。

（ ）（ ）（ ）
（ ）（ ）（ ）

おもしろそうだという気持ち。

めんどくさいなあという気持ち。

うれしいなあという気持ち。

② グレンがおこって大声を出したのは、どうしてですか。

（ ）

（ ）（ ）

（ ）がグレンの話を聞かないで、さっさと

（ ）から。

物語《ものがたり》文の読み取《と》り ①

1 次《つぎ》の文章《しょう》を読んで、後の問《もん》題《だい》に答えましょう。

アーサーは世界《せかい》で一番ハンサムなうんこです。でも、ハンサムすぎるとこまることもあります。三日前も、こんなことがありました。

アーサーが公園で体そうをしていると、

「すいません、はいゆうの方ですよね？」

と話しかけられました。

「いえ、はいゆうじゃありませんよ。うんこです。」

アーサーは答えるのですが、しんじてもらえません。どんどん人が集《あつ》まってきて、大さわぎになってしまいました。

しかたがないのでアーサーは、公園からにげだして、どうくつにかくれました。

「やれやれ。ハンサムはめんどくさいな。」

① アーサーは、どんなうんこですか。

世界で一番〔　　　　〕なうんこ。

② アーサーが「はいゆうの方ですよね？」と話しかけられたのは、いつのことですか。

□□□

③ アーサーがにげだしてかくれた場所《しょ》は、どこですか。

〔　　　　〕

漢字《かん》の音《おん》と訓《くん》

学習日　　月　　日

1 次《つぎ》の――《せん》の漢《かん》字の読みを、（　）に書きましょう。

① 切

・ぼくの大《たい》切なうんこに何をする！（　）

・うんこをカッターで半分に切ろう。（　）

② 朝

・うんこを持《も》って朝礼台《れいだい》からジャンプする。（　）

・このうんこは、朝日《ひ》をあびるととけてしまう。（　）

③ 楽

・うんこでできた楽き。（　）

・うんこに色えんぴつをさすと楽しい。（　）

④ 野

・野球《きゅう》のボールかと思ってキャッチしたら、うんこでした。（　）

・うんこを野原《はら》いっぱいにしきつめる。（　）

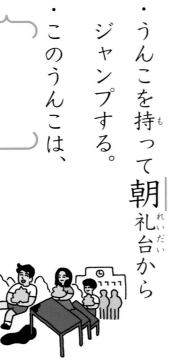

気持《も》ちの読み取《と》り

学習日
月
日

1 　の文や文章《しょう》を読んで、後の問題《もん》《だい》に答えましょう。

うんこを勝手《かっ》に流《なが》された弟が、くちびるをかみしめている。

① うんこを流された弟は、どんな気持《も》ちでしたか。

（　）楽しい気持ち。
（　）うれしい気持ち。
（　）くやしい気持ち。

お父《とう》さんは、たつきにうんこをプレゼントした。たつきは、そのうんこをつくえにかざった。

② たつきのどんな行動《こう》《どう》から、うれしい気持ちがわかりますか。

うんこを（　　　　）行動から。

「よしっ！」ジェイムスはとうとうでんせつのうんこを手に入れた。

③ ジェイムスは、どんな気持ちですか。

（　）さびしい気持ち。
（　）うれしい気持ち。
（　）ざんねんな気持ち。

「これ、みんなで作ったの？　すごいわね！」先生は、みんなで作ったうんこの城《しろ》を見て、はくしゅをしてくれた。

④ 先生がよろこんでいるのは、どうしてですか。

みんなで作ったうんこの城が（　　　　）と思ったから。

国語辞典《じてん》の使《つか》い方《かた》

学習日　　月　　日

1

国語辞典《じてん》で先に出ている言葉《ことば》に、○をつけましょう。

①
（　）うんこ
（　）いんこ

②
（　）たんす
（　）ダンス

2

次《つぎ》の言葉を、国語辞典に出ているじゅんに、1〜3の番号《ごう》を書きましょう。

①
（　）うんこ
（　）うんどう
（　）うんこう

②
（　）プール
（　）ふうりん
（　）ブーメラン

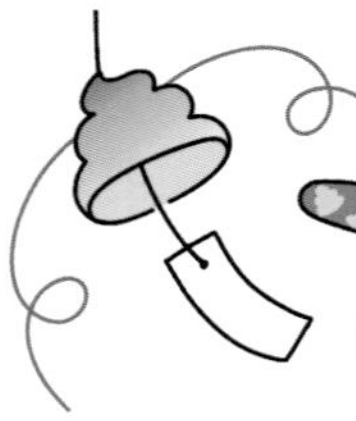

3

次の文の──《せん》の言葉は、国語辞典に書かれたあ〜えのどの意味《いみ》ですか。□《うんこます》に記号を書きましょう。

① 国語辞典を読みながら、うんこを**もらす**。　□

② 父が大切にしているうんこの場所《しょ》を、うっかり母に**もらす**。　□

もらす【漏らす】意味①**あ** 外に出すようにする。こぼす。**れい** コップの水をもらす。②**い** ぬかしたり落《お》としたりする。**れい** 名前を聞きもらす。③**う** こっそり人に知らせたり、思っていることを口に出したりする。**れい** ひみつをもらす。④**え** 服《ふく》の中でうんこなどをしてしまう。

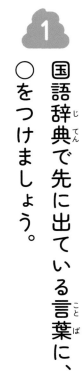

時間や場所《しょ》の読み取《と》り

1 ▢の文や文章《しょう》を読んで、後の問題《もんだい》に答えましょう。

けさ、校長先生が音楽室でうんこをしていた。

① 校長先生がうんこをしていたのは、いつですか。

（　　　　　　）

ぼくと弟は、日曜日に、近所《きんじょ》の山で、めずらしいうんこを発見《はっけん》しました。

② ぼくと弟がめずらしいうんこを発見したのは、いつですか。

（　　　　　　）

先週の金曜日、父はゆうびん局《きょく》で大りょうのうんこをもらした。

③ 父が大りょうのうんこをもらしたのは、どこですか。

（　　　　　　）

国語の時間に、まどの外を見ました。校庭《てい》のまん中に、うんこを持《も》ったおじさんが立っていました。

④ うんこを持ったおじさんが立っていたのは、どこですか。

（　　　　　　）

漢字《かん》の長文問題《もんだい》

1

□《うんこます》に漢字《かん》を書きましょう。

今日《きょう》の□《ご》□《ご》、
□《すい》□《えい》□《きょう》□《しつ》に向《む》かうとき、
□《ちか》□《みち》を見つけたので行ってみました。
すると、へんな□《ば》所《しょ》に出ました。
たくさんの子どもたちが、
うんこで□《ふね》を作ったり、
うんこに□《たい》□《おん》□《けい》をさしたりして、
□《あそ》んでいました。
ぼくもなかまに入れてもらいました。

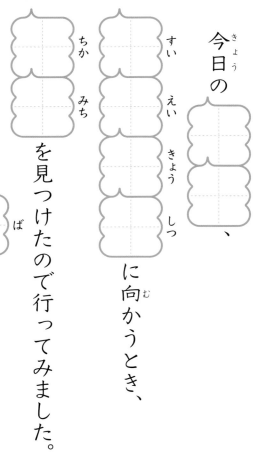

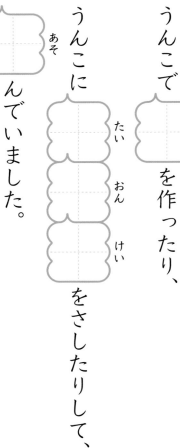

1

次《つぎ》の｜《せん》の漢《かん》字の読みを、（　）に書きましょう。

① うんこが落《お》ちてきて、（　）地面につきささった。

② うんこの様子《ようす》をスケッチして、（　）発表しましょう。

③ （　）図書館で、うんこのことを（　）調べる。

④ うんこがぴくぴく（　）動きます。

⑤ ぼくは拾《ひろ》ったうんこにすべて、（　）番号と名前をつけている。

⑥ 父がうんこを（　）緑色にぬって、「（　）植物」と言った。

二年生のふく習《しゅう》 ②

学習日　　月　　日

1

□《うんこます》に漢《かん》字を書きましょう。

① そのうんこは、□《うみ》からやってきた。

② うんこを入れるための□《と》だな。

③ あそこで、□《さん》□《かく》□《けい》の　うんこが□《う》られているよ。

④ うんこに□《かお》を近づける。

⑤ 父が、親しい□《しゃ》□《ちょう》から　うんこをもらってきた。

⑥ □《ほし》□《ぞら》の下で、うんこを持《も》って　きみと□《あ》いたい。

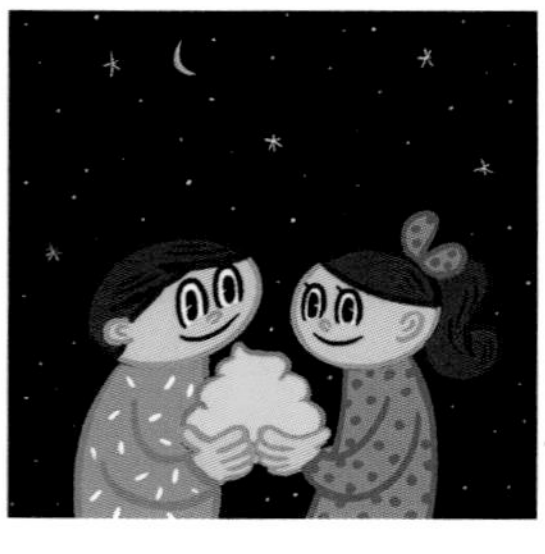

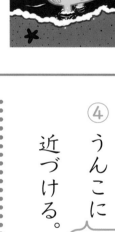

二年生のふく習《しゅう》 1

学習日　　月　　日

1

次《つぎ》の――《せん》の漢《かん》字の読みを、（　）に書きましょう。

① 両《りょう》手にうんこを持《も》った男が通る。

② ねるときは、うんこがないと心細い。

③ 外国の記者《しゃ》が、ぼくのうんこをしゅざいに来た。

④ うんこを画用紙でくるみます。

⑤ 先生の目の前でうんこをする。

⑥ 夜おそく、東京はうんこがふるでしょう。

うんこ夏休みドリル
目次《もくじ》

算数は反対側《はんたいがわ》から始《はじ》まるよ!

がんばるのじゃ

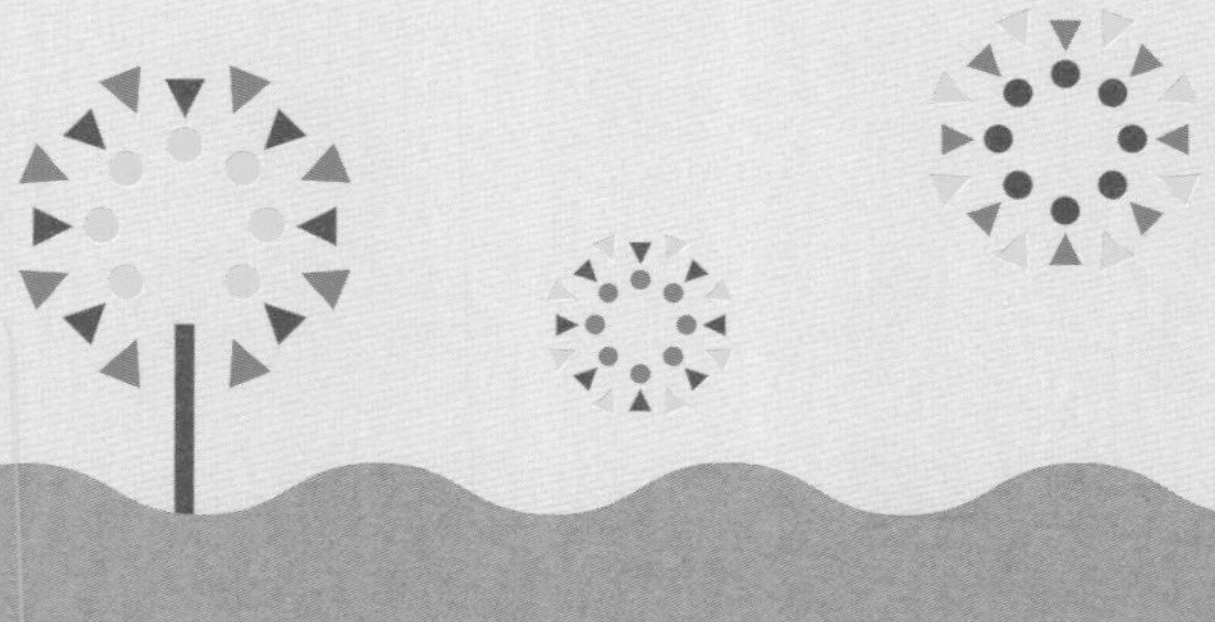

うんこドリル
シリーズ
日本一楽しい夏休みドリル

うんこ夏休みドリル

答えとアドバイス

小学 **3** 年生

わかりやすい縮《しゅく》刷《さつ》解《かい》答《とう》！

とき終《お》わったら答え合わせしよう！

国語

別《べっ》冊《さつ》

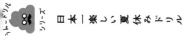

1 国語

二年生のふく習《しゅう》 ❶

学習日　月　日

1 次《つぎ》の――の漢字《かんじ》の読みを、（　）に書きましょう。

① 両手《りょうて》にうんこを持《も》った男が通る。（とお）

② ねるときは、うんこがないと心細い。（こころぼそ）

③ 外国の記者《しゃ》が、ぼくのうんこをしゅざいに来た。（がいこく）（き）

④ うんこを画用紙でくるみます。（がようし）

⑤ 先生の目の前でうんこをする。（まえ）

⑥ 夜おそく、東京はうんこがふるでしょう。（よる）（とうきょう）

2 国語

二年生のふく習《しゅう》 ❷

学習日　月　日

1 □に漢字《かん》を書きましょう。

① そのうんこは、海《うみ》からやってきた。

② うんこを入れるための戸《と》だな。

③ あそこで、三《さん》角《かく》形《けい》のうんこが売《う》られているよ。

④ うんこに顔《かお》を近づける。

⑤ 父が、親しい社《しゃ》長《ちょう》からうんこをもらってきた。

⑥ 星《ほし》空《ぞら》の下で、うんこを持《も》ってきみと会《あ》いたい。

1 1 二年生で習った漢字の、読みのふく習問題です。

① 「通る」を「とう-る」と書いていないか、しっかりとたしかめましょう。

② 「心細い」は、「心（こころ）」と「細い（ほそ-い）」を組み合わせた言葉です。読み方は「こころほそ-い」ではなく「こころぼそ-い」となることに気をつけましょう。

2 1 二年生で習った漢字の、書きのふく習問題です。漢字を書いたら、見直しをしてから答え合わせをするようにしましょう。

④ 「顔（かお）」を「頭（あたま）」と書いていないか、たしかめましょう。

⑥ 人に会うときは、「合」ではなく「会」と書くことに気をつけましょう。

3 国語

三年生の漢《かん》字 ❶

学習日　月　日

1 次《つぎ》の――の漢字《かんじ》の読みを、（　）に書きましょう。

① うんこが落《お》ちてきて、地面につきささった。（じめん）

② うんこの様子《ようす》をスケッチして、発表しましょう。（はっぴょう）

③ 図書館で、うんこのことを調べる。（としょかん）（しら）

④ うんこがぴくぴく動きます。（うご）

⑤ ぼくは拾《ひろ》ったうんこにすべて、番号と名前をつけている。（ばんごう）

⑥ 父がうんこを緑色にぬって、「植物」と言った。（みどりいろ）（しょくぶつ）

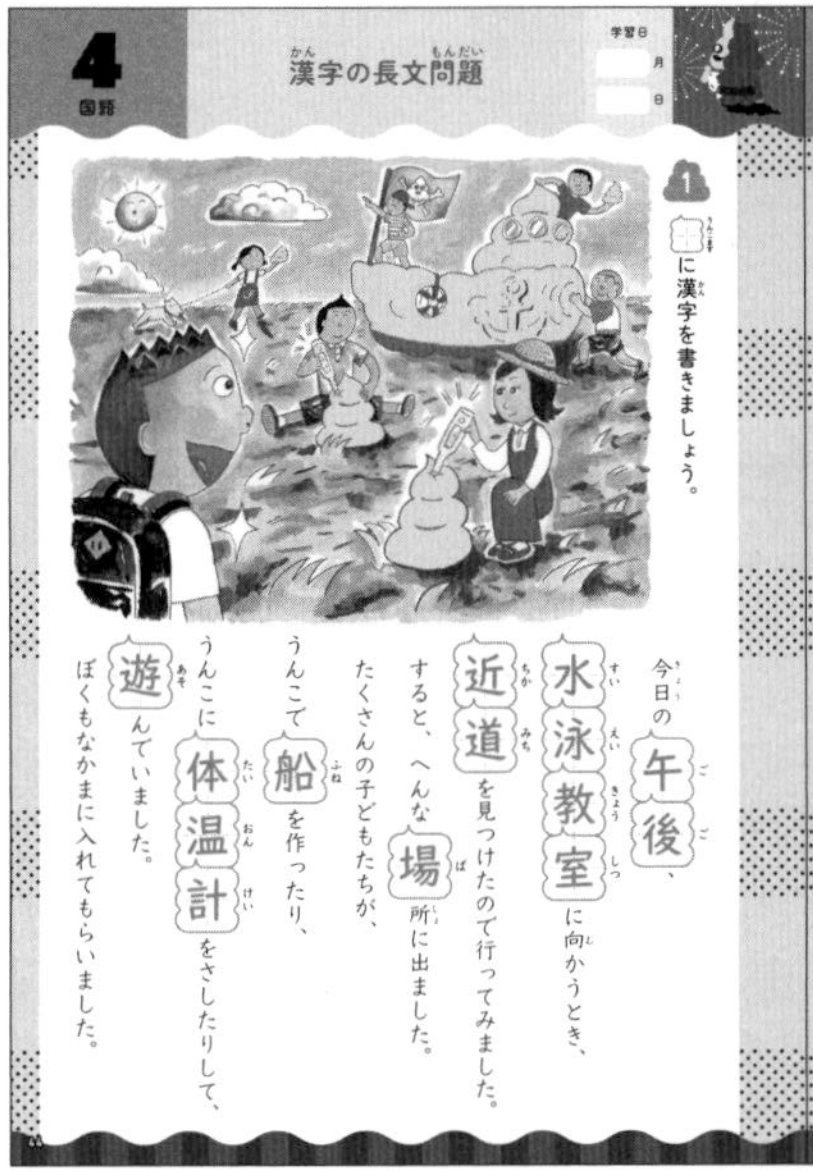
4 国語

漢《かん》字の長文問《もん》題《だい》

学習日　月　日

1 □に漢《かん》字を書きましょう。

今日《きょう》の午《ご》後《ご》、水《すい》泳《えい》教《きょう》室《しつ》に向《む》かうとき、近《ちか》道《みち》を見つけたので行ってみました。するとへんな場《ば》所《しょ》に出ました。たくさんの子どもたちが、うんこで船《ふね》を作ったり、うんこに体《たい》温《おん》計《けい》をさしたりして、遊《あそ》んでいました。ぼくもなかまに入れてもらいました。

3 1 三年生で習う漢字の問題です。学習をふりかえり、読めるようにしましょう。

② 「表」には「ひょう（ぴょう）」のほかに、「おもて」「あらわ-す」「あらわ-れる」の読み方があります。

⑥ 「物」はこのほかに、「もつ」「もの」の読み方があります。あわせておぼえましょう。

4 1 長い文章の中にある漢字を書く問題です。どんなことが書かれている文章なのか、場面を思いうかべながら当てはまる漢字を書きましょう。

「近道」は、「近」と「道」をはんたいに書かないように気をつけましょう。

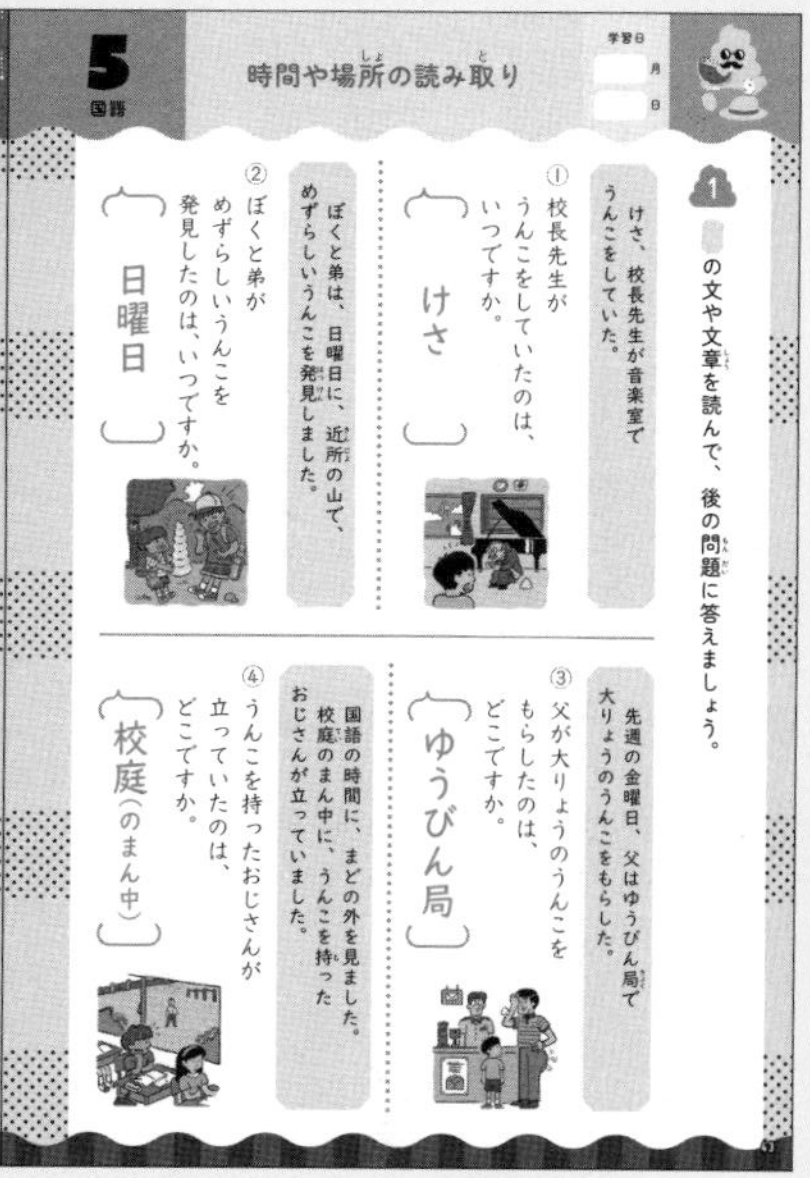
5 国語

時間や場所《しょ》の読み取《と》り

学習日 月 日

1 の文や文章《しょう》を読んで、後の問題《もんだい》に答えましょう。

けさ、校長先生が音楽室でうんこをしていた。

① 校長先生がうんこをしていたのは、いつですか。

〔けさ〕

ぼくと弟は、日曜日に、近所の山で、めずらしいうんこを発見しました。

② ぼくと弟がめずらしいうんこを発見したのは、いつですか。

〔日曜日〕

先週の金曜日、父はゆうびん局で大りょうのうんこをもらした。

③ 父が大りょうのうんこをもらしたのは、どこですか。

〔ゆうびん局〕

国語の時間に、まどの外を見ました。校庭のまん中に、うんこを持ったおじさんが立っていました。

④ うんこを持ったおじさんが立っていたのは、どこですか。

〔校庭（のまん中）〕

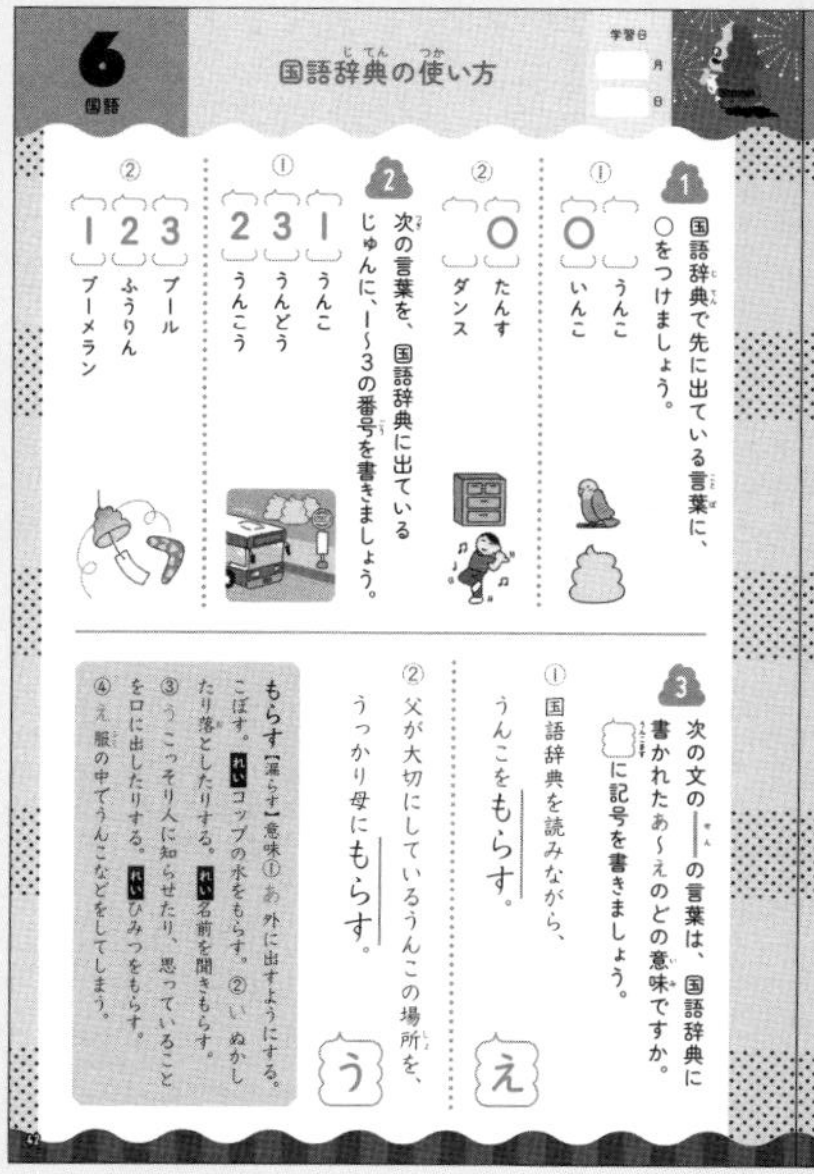
6 国語

国語辞典《じてん》の使《つか》い方

学習日 月 日

1 国語辞典で先に出ている言葉に、○をつけましょう。

① 〔○〕いんこ 〔 〕うんこ

② 〔○〕たんす 〔 〕ダンス

2 次の言葉を、国語辞典に出ているじゅんに、1～3の番号を書きましょう。

① 〔1〕うんこ 〔3〕うんどう 〔2〕うんこう

② 〔3〕プール 〔2〕ふうりん 〔1〕ブーメラン

3 次の文の——の言葉は、国語辞典に書かれたあ～えのどの意味ですか。〔 〕に記号を書きましょう。

① 国語辞典を読みながら、うんこをもらす。〔え〕

② 父が大切にしているうんこの場所を、うっかり母にもらす。〔う〕

もらす【漏らす】意味 ①あ 外に出すようにする。こぼす。れい コップの水をもらす。②い ぬかしたり落としたりする。れい 名前を聞きもらす。③う こっそり人に知らせたり、思っていることを口に出したりする。れい ひみつをもらす。④え 服の中でうんこなどをしてしまう。

5 1 みじかい文や文章から「いつ」「どこ」を読み取る問題です。まず、問題文を読んで、どんなことを聞いているのかをしっかりとつかみましょう。

①・② 「いつ」を聞いているならば、文章の中で「いつ」が書かれたところをさがしましょう。問題文で聞いていることかどうかをよくたしかめながら答えを書くとよいでしょう。

6 1・2 国語辞典の使い方についての問題です。国語辞典では、見出しの言葉は五十音じゅんにならんでいます。一文字目が同じ場合は、二文字目でくらべましょう。

3 「もらす」には、いくつかの言葉の意味があります。れい文をよく読んで、国語辞典に書かれている「もらす」のうち、どの意味なのかを考えましょう。

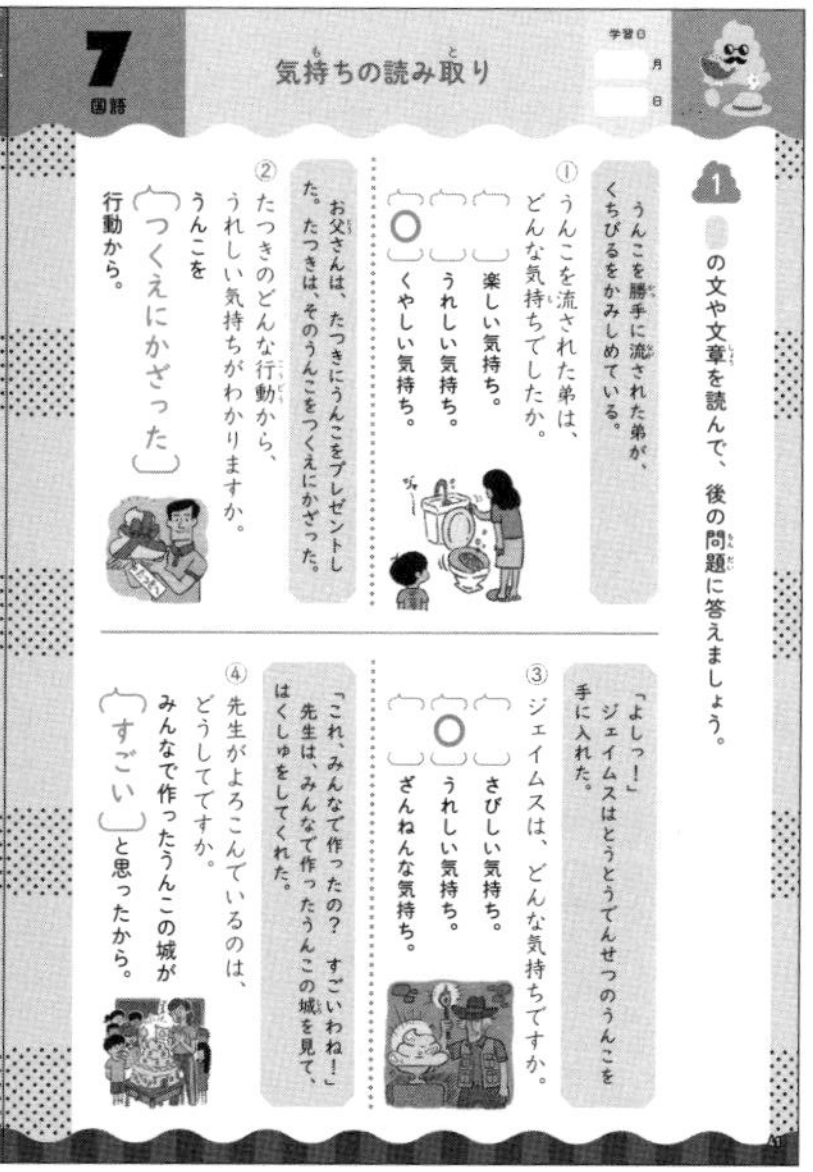
7 国語

気持《も》ちの読み取《と》り

学習日 月 日

1 の文や文章を読んで、後の問題に答えましょう。

うんこを勝手に流された弟が、くちびるをかみしめている。

① うんこを流された弟は、どんな気持ちでしたか。

〔 〕楽しい気持ち。
〔 〕うれしい気持ち。
〔○〕くやしい気持ち。

お父さんは、たつきにうんこをプレゼントした。たつきは、そのうんこをつくえにかざった。

② たつきのどんな行動から、うれしい気持ちがわかりますか。

うんこを〔つくえにかざった〕行動から。

「よしっ！」ジェイムスはとうとうでんせつのうんこを手に入れた。

③ ジェイムスは、どんな気持ちですか。

〔 〕さびしい気持ち。
〔○〕うれしい気持ち。
〔 〕ざんねんな気持ち。

「これ、みんなで作ったの？ すごいわね！」先生は、みんなで作ったうんこの城を見て、はくしゅをしてくれた。

④ 先生がよろこんでいるのは、どうしてですか。

みんなで作ったうんこの城が〔すごい〕と思ったから。

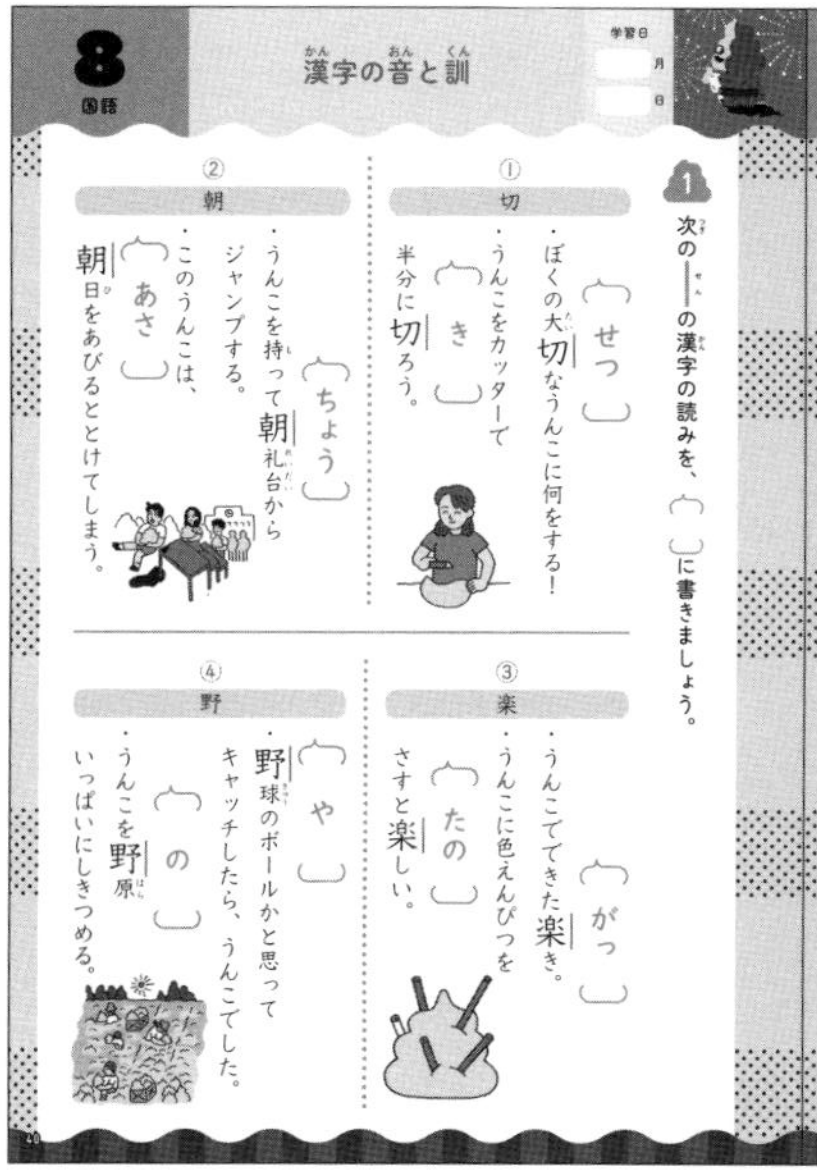
8 国語

漢字《かん》の音《おん》と訓《くん》

学習日 月 日

1 次の——の漢字の読みを、〔 〕に書きましょう。

① 切

・ぼくの大切なうんこに何をする！〔せつ〕
・うんこをカッターで半分に切ろう。〔き〕

② 朝

・うんこを持って朝礼台からジャンプする。〔ちょう〕
・このうんこは、朝日をあびるととけてしまう。〔あさ〕

③ 楽

・うんこでできた楽き。〔がっ〕
・うんこに色えんぴつをさすと楽しい。〔たの〕

④ 野

・野球のボールかと思ってキャッチしたら、うんこでした。〔や〕
・うんこを野原いっぱいにしきつめる。〔の〕

7 1 みじかい文や文章から「気持ち」を読み取る問題です。行動や言葉から、その人物の気持ちを読み取りましょう。

① くちびるをかみしめるという行動は、くやしい気持ちのときにします。

② 「かざった」だけでも正かいです。

③ 「よしっ！」という言葉は、この文章ではでんせつのうんこを手に入れてうれしい気持ちを表しています。

8 1 一つの漢字の、音と訓の両方の読みを答える問題です。漢字には、いくつかの読み方をもつものが多くあります。一つの漢字のさまざまな読み方をおぼえて、文に合う読み方を書けるようにしましょう。

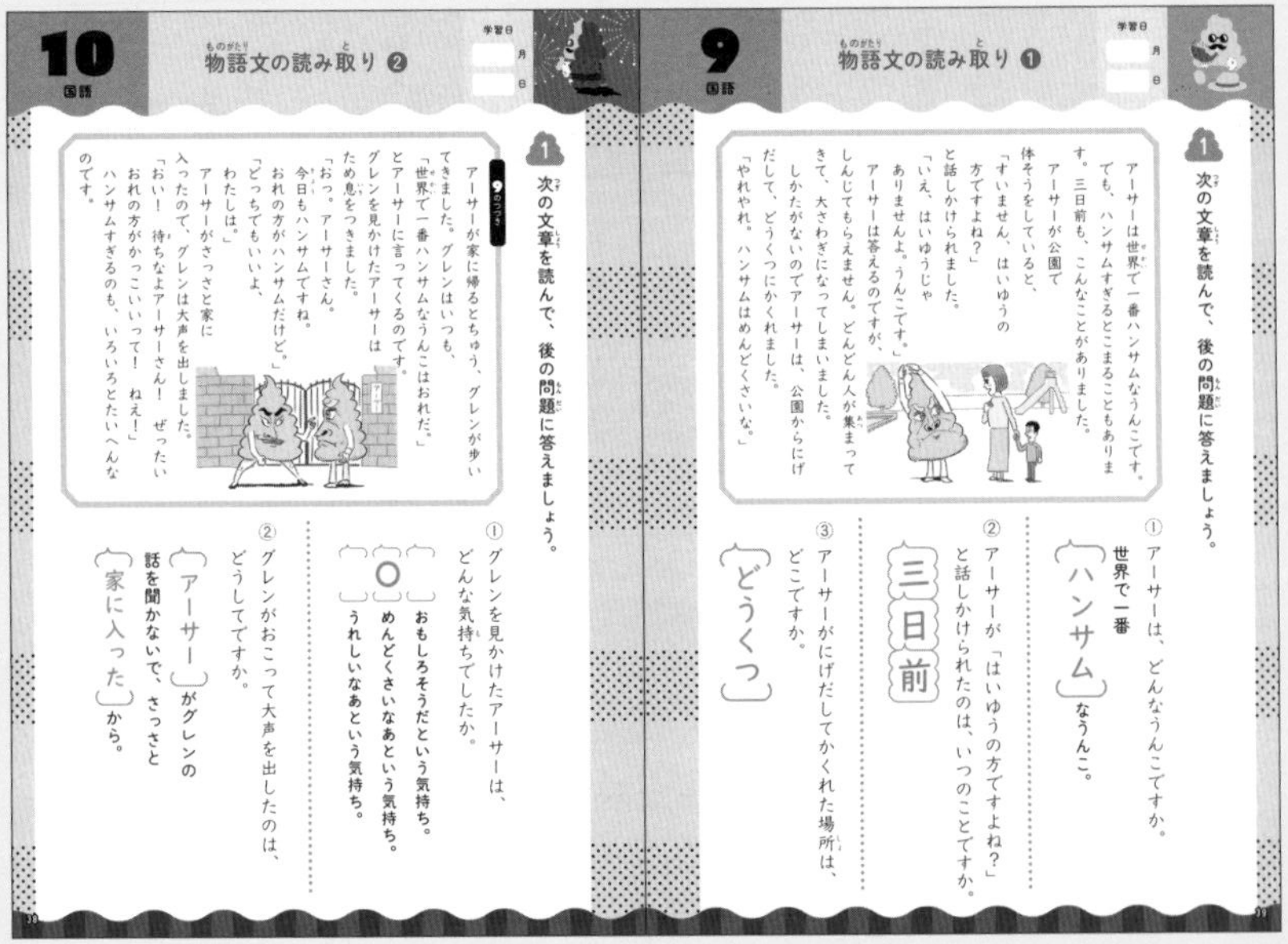

9 国語

物語《ものがたり》文の読み取《と》り ❶

学習日 月 日

1 次《つぎ》の文章《しょう》を読んで、後の問題《もんだい》に答えましょう。

アーサーは世界《せかい》で一番ハンサムなうんこです。でも、ハンサムすぎるとこまることもありま す。三日前も、こんなことがありました。

アーサーが公園で体そうをしていると、

「すいません、はいゆうの方ですよね？」

と話しかけられました。

「いえ、はいゆうじゃありませんよ。うんこです。」

アーサーは答えるのですが、しんじてもらえません。どんどん人が集《あつ》まってきて、大さわぎになってしまいました。


しかたがないのでアーサーは、公園からにげだして、どうくつにかくれました。

「やれやれ。ハンサムはめんどくさいな。」

① アーサーは、どんなうんこですか。
世界で一番〔ハンサム〕なうんこ。

② アーサーが「はいゆうの方ですよね？」と話しかけられたのは、いつのことですか。
〔三日前〕

③ アーサーがにげだしてかくれた場所《しょ》は、どこですか。
〔どうくつ〕

10 国語

物語《ものがたり》文の読み取《と》り ❷

学習日 月 日

1 次《つぎ》の文章《しょう》を読んで、後の問題《もんだい》に答えましょう。

9のつづき

アーサーが家に帰るとちゅう、グレンが歩いてきました。グレンはいつも、

「世界《せかい》で一番ハンサムなうんこはおれだ。」

とアーサーに言ってくるのです。

グレンを見かけたアーサーはため息《いき》をつきました。

「おっ。アーサーさん。今日《きょう》もハンサムですね。おれの方がハンサムだけど。」

「どっちでもいいよ、わたしは。」

アーサーがさっさと家に入ったので、グレンは大声を出しました。

「おい！ 待《ま》ちなよアーサーさん！ ぜったいおれの方がかっこいいって！ ねえ！」

ハンサムすぎるのも、いろいろとたいへんなのです。

① グレンを見かけたアーサーは、どんな気持《も》ちでしたか。
〔 〕おもしろそうだという気持ち。
〔○〕めんどくさいなあという気持ち。
〔 〕うれしいなあという気持ち。

② グレンがおこって大声を出したのは、どうしてですか。
〔アーサー〕がグレンの話を聞かないで、さっさと〔家に入った〕から。

9

1 長い文章を読んで、「いつ」「どこ」をおさえながら内ようを読み取る問題です。

②・③ 5 で答えた「いつ」「どこ」の読み取りを、長い文章でも取り組んでみましょう。

10

1 長い文章を読んで、人物の「気持ち」をおさえながら内ようを読み取る問題です。

7 で答えたように、行動から人物の気持ちを読み取ります。アーサーとグレン、どちらの行動や言葉なのかをしっかりとたしかめながら問題に取り組みましょう。

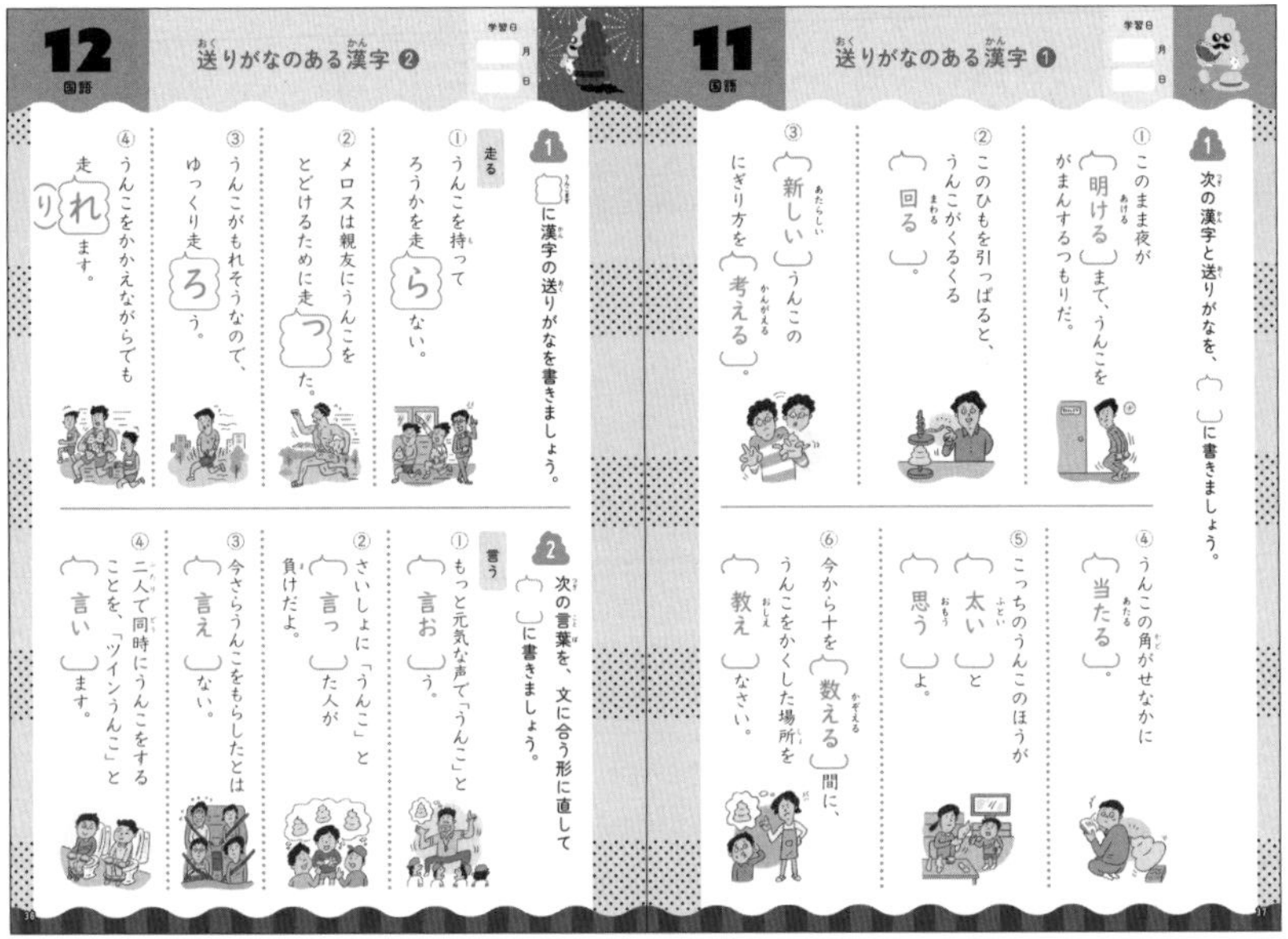

11 国語

送《おく》りがなのある漢《かん》字 ❶

学習日 月 日

1 次《つぎ》の漢字と送りがなを、〔 〕に書きましょう。

① このまま夜が〔明ける〕《あける》まで、うんこをがまんするつもりだ。

② このひもを引っぱると、うんこがくるくる〔回る〕《まわる》。

③ 〔新しい〕《あたらしい》うんこのにぎり方を〔考える〕《かんがえる》。

④ うんこの角《かど》がせなかに〔当たる〕《あたる》。

⑤ こっちのうんこのほうが〔太い〕《ふとい》と〔思う〕《おもう》よ。

⑥ 今から十を〔数える〕《かぞえる》間に、うんこをかくした場所《しょ》を〔教え〕《おしえ》なさい。

12 国語

送《おく》りがなのある漢《かん》字 ❷

学習日 月 日

1 □に漢字の送りがなを書きましょう。

走る

① うんこを持《も》ってろうかを走〔ら〕ない。

② メロスは親友にうんこをとどけるために走〔つ〕た。

③ うんこがもれそうなので、ゆっくり走〔ろ〕う。

④ うんこをかかえながらでも走〔れ〕〔り〕ます。

2 次《つぎ》の言葉《ことば》を、文に合う形に直して〔 〕に書きましょう。

言う

① もっと元気な声で「うんこ」と〔言お〕う。

② さいしょに「うんこ」と〔言っ〕た人が負《ま》けだよ。

③ 今さらうんこをもらしたとは〔言え〕ない。

④ 二人《ふたり》で同時《どうじ》にうんこをすることを、「ツインうんこ」と〔言い〕ます。

11

1 漢字と送りがなを答える問題です。

③「新しい」や「考える」は、送りがなをまちがえやすいので気をつけましょう。

⑥「数える」と「教える」は、漢字の形がにているので、はんたいに書かないようにしましょう。

12

1 送りがなは、後につづく言葉によって形がかわります。言葉に合うように送りがなの形を直す問題です。わからないときは、文を声に出して読んでみましょう。

たとえば、①「『うんこを持ってろうかを走□ない。』だから、この『走る』は『走らない』になるな。」と気づくことができるでしょう。

34・35 ページ

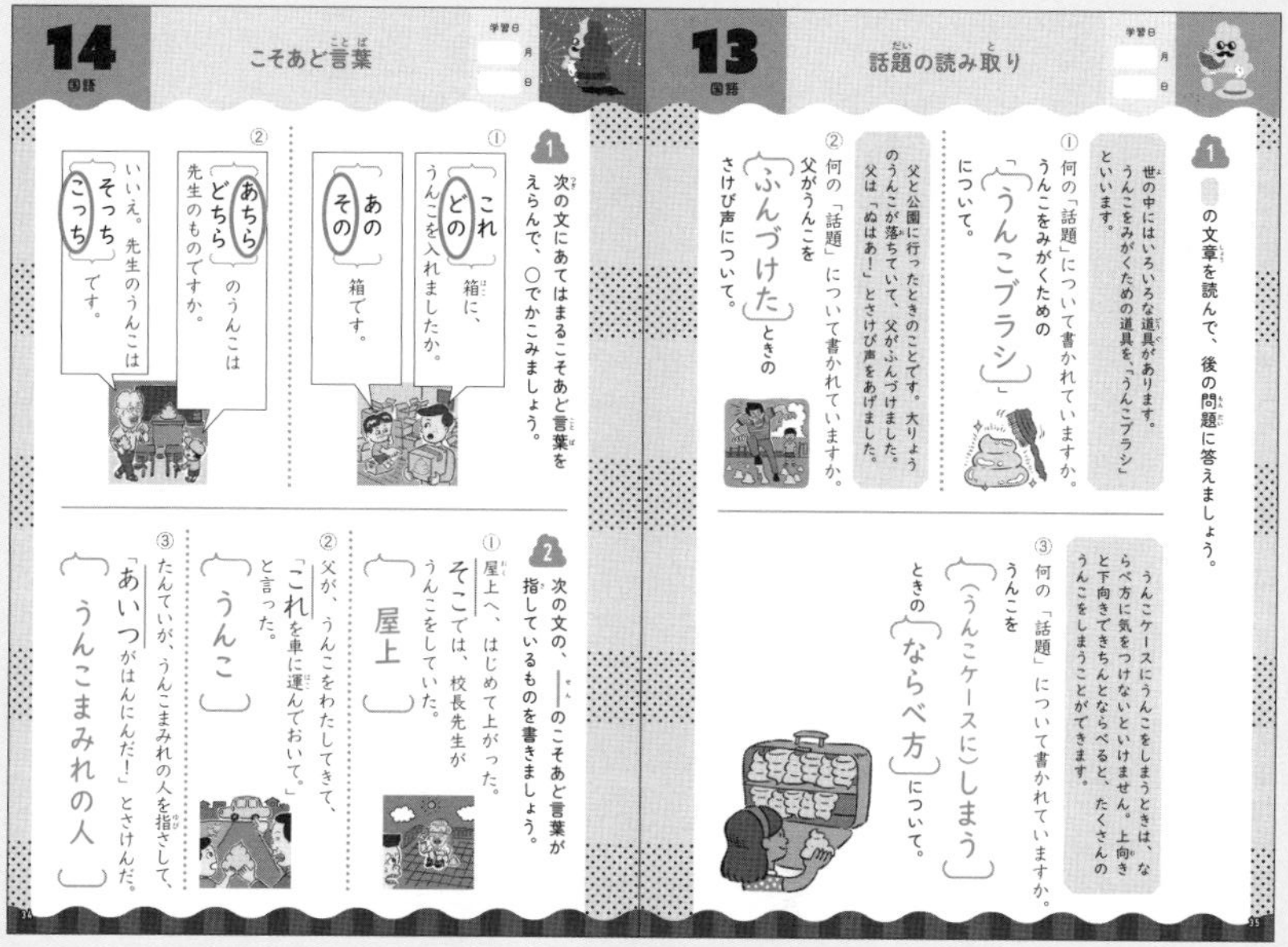

13 国語
話題《だい》の読み取《と》り
学習日　月　日

1 の文章《しょう》を読んで、後の問題《もんだい》に答えましょう。

世《よ》の中にはいろいろな道具《どうぐ》があります。うんこをみがくための道具を、「うんこブラシ」といいます。

① 何の「話題」について書かれていますか。
うんこをみがくための
「（うんこブラシ）」
について。

父と公園に行ったときのことです。大りょうのうんこが落ちていて、父がふんづけました。父は「ぬはあ！」とさけび声をあげました。

② 何の「話題」について書かれていますか。
父がうんこを
（ふんづけた）ときの
さけび声について。

うんこケースにうんこをしまうときは、ならべ方に気をつけないといけません。上向《む》きと下向きできちんとならべると、たくさんのうんこをしまうことができます。

③ 何の「話題」について書かれていますか。
うんこを
（うんこケースに）しまう
ときの（ならべ方）について。

14 国語
こそあど言葉《ことば》
学習日　月　日

1 次《つぎ》の文にあてはまるこそあど言葉《ことば》をえらんで、〇でかこみましょう。

① （これ／どの）箱《はこ》に、うんこを入れましたか。
（あの／その）箱です。

② （あちら／どちら）のうんこは先生のものですか。
いいえ。先生のうんこは（そっち／こっち）です。

2 次の文の、—《せん》のこそあど言葉が指《さ》しているものを書きましょう。

① 屋上《おく》へ、はじめて上がった。そこでは、校長先生がうんこをしていた。
（屋上）

② 父が、うんこをわたしてきて、「これを車に運《はこ》んでおいて。」と言った。
（うんこ）

③ たんていが、うんこまみれの人を指《ゆび》さして、「あいつがはんにんだ！」とさけんだ。
（うんこまみれの人）

13 1 みじかい文や文章から、せつ明していることの「話題」を読み取る問題です。せつ明する文章を読むときは、どんなことが書いてあるのか、「話題」をつかむことが大切です。

③ 一文目で話題としてうんこのならべ方について書き、二文目でそのくわしいやり方をせつ明しています。

14 こそあど言葉についての問題です。こそあど言葉は、「こ・そ・あ・ど」ではじまる、ものや場所、人などを指ししめすはたらきをもつ言葉です。

1 指ししめす物の近さによって「こ・そ・あ」をつかい分けましょう。たずねるときは「ど」をつかいます。

2 文の中でこそあど言葉が指ししめしているものは、こそあど言葉の前にあることが多いです。

32・33 ページ

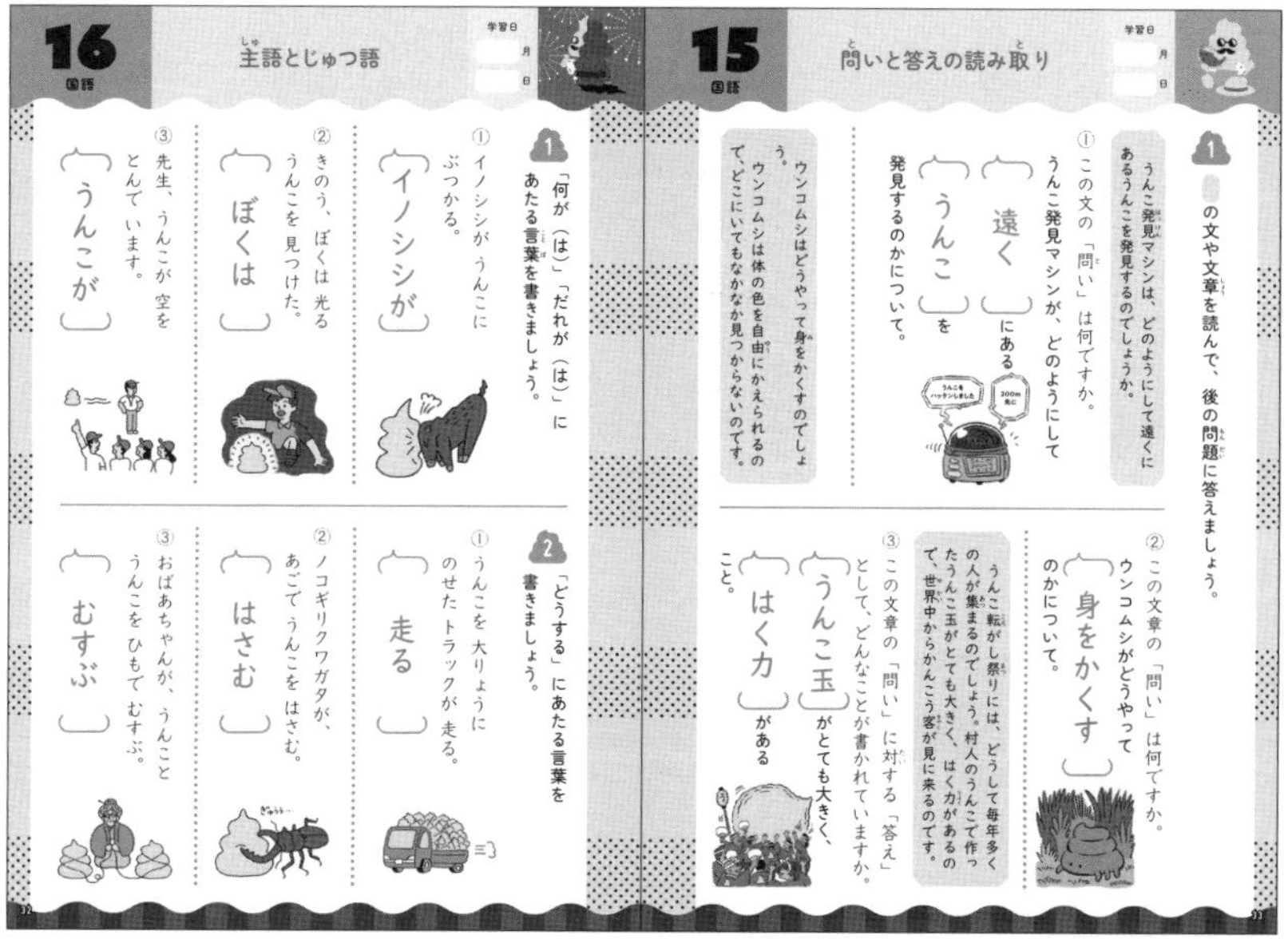

16 国語
主《しゅ》語とじゅつ語
学習日　月　日

1 「何が（は）」「だれが（は）」にあたる言葉《ことば》を書きましょう。

① イノシシが うんこに ぶつかる。
（イノシシが）

② きのう、ぼくは 光る うんこを 見つけた。
（ぼくは）

③ 先生、うんこが 空を とんで います。
（うんこが）

2 「どうする」にあたる言葉を書きましょう。

① うんこを 大りょうに のせた トラックが 走る。
（走る）

② ノコギリクワガタが、あごで うんこを はさむ。
（はさむ）

③ おばあちゃんが、うんこと うんこを ひもで むすぶ。
（むすぶ）

15 国語
問《と》いと答えの読み取《と》り
学習日　月　日

1 の文や文章《しょう》を読んで、後の問題《もんだい》に答えましょう。

うんこ発見《はっけん》マシンは、どのようにして遠くにあるうんこを発見するのでしょうか。

① この文の「問《と》い」は何ですか。
うんこ発見マシンが、どのようにして（遠く）にある（うんこ）を発見するのかについて。

ウンコムシはどうやって身《み》をかくすのでしょう。ウンコムシは体の色を自由《じゆう》にかえられるので、どこにいてもなかなか見つからないのです。

② この文章の「問い」は何ですか。
ウンコムシがどうやって（身をかくす）のかについて。

うんこ転《ころ》がし祭《まつ》りには、どうして毎年多くの人が集《あつ》まるのでしょう。村人のうんこで作ったうんこ玉がとても大きく、はく力があるので、世界《せかい》中からかんこう客《きゃく》が見に来るのです。

③ この文章の「問い」に対《たい》する「答え」として、どんなことが書かれていますか。
（うんこ玉）がとても大きく、（はく力）があること。

15 1 みじかいせつ明文から、「問い」や「問いに対する答え」を読み取る問題です。

①・② 「問い」の文は、文のおわりが「〜でしょうか」などであらわされることが多いです。

③ 「問いに対する答え」は「問い」の後に書かれています。まずは「問い」の文を見つけて、その後の文から「問いに対する答え」を見つけるようにしましょう。

16 1 文の中で、「何が（は）」「だれが（は）」にあたる言葉（主語）を見つける問題です。③ 先生によびかけている文ですが、空をとんでいるのはうんこです。

2 文の中で、「どうする」にあたる言葉（じゅつ語）を見つける問題です。文のじゅつ語は主語より後ろにあって、文の終わりにあることが多いです。

30・31 ページ

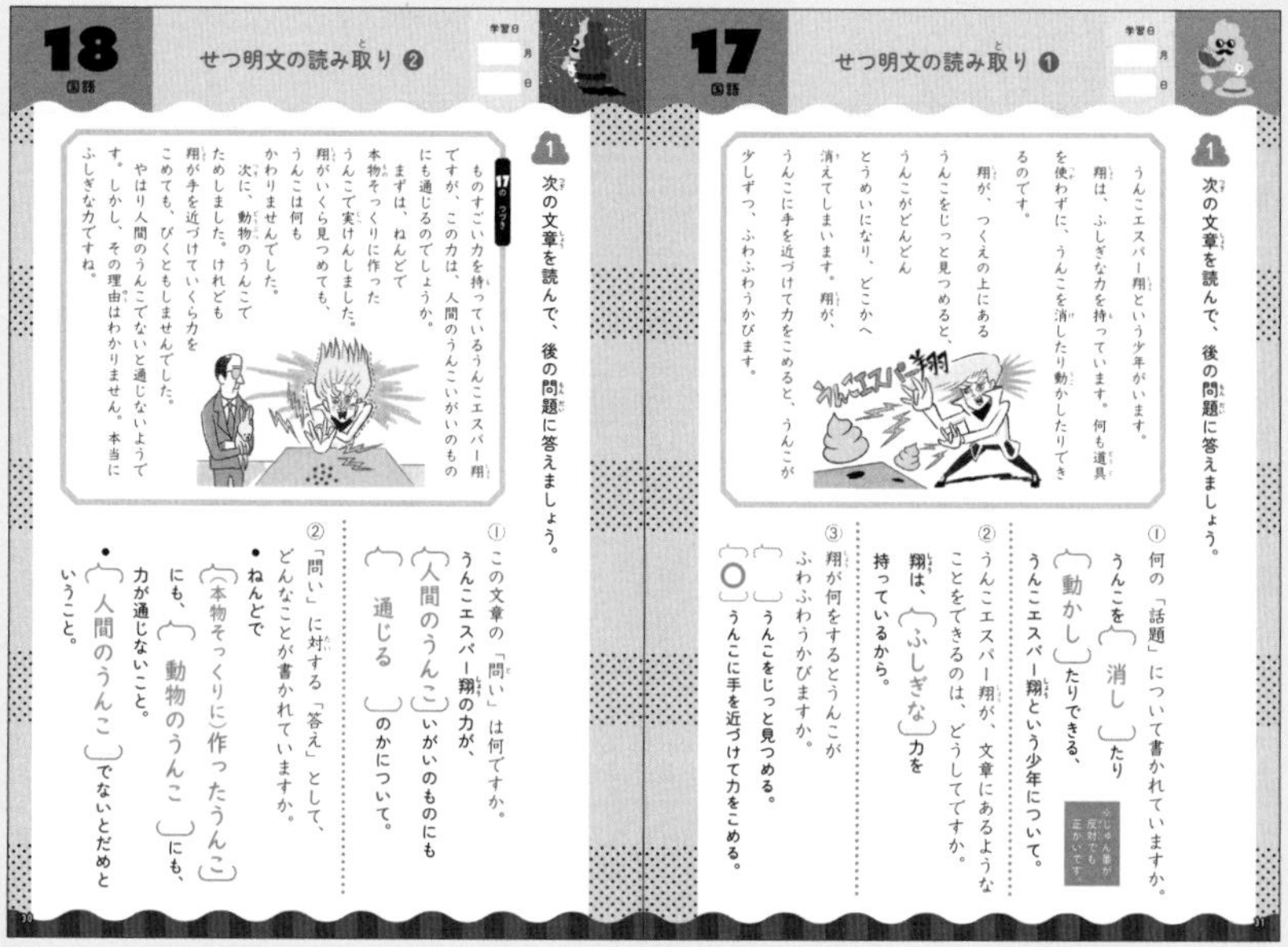
17 国語

せつ明文の読み取《と》り ❶

学習日　月　日

1 次《つぎ》の文章《ぶんしょう》を読んで、後の問題《もんだい》に答えましょう。

うんこエスパー翔《しょう》という少年がいます。

翔《しょう》は、ふしぎな力を持っています。何も道具《どうぐ》を使《つか》わずに、うんこを消《け》したり動《うご》かしたりできるのです。

翔《しょう》が、つくえの上にあるうんこをじっと見つめると、うんこがどんどんとうめいになり、どこかへ消《き》えてしまいます。翔《しょう》が、うんこに手を近づけて力をこめると、うんこが少しずつ、ふわふわうかびます。

① 何の「話題」について書かれていますか。

うんこを〔消し〕たり〔動かし〕たりできる、うんこエスパー翔《しょう》という少年について。

※じゅん番が反対でも正かいです。

② うんこエスパー翔《しょう》が、文章にあるようなことをできるのは、どうしてですか。

翔《しょう》は、〔ふしぎな〕力を持っているから。

③ 翔《しょう》が何をするとうんこがふわふわうかびますか。

〔　〕うんこをじっと見つめる。

〔○〕うんこに手を近づけて力をこめる。

18 国語

せつ明文の読み取《と》り ❷

学習日　月　日

1 次《つぎ》の文章《ぶんしょう》を読んで、後の問題《もんだい》に答えましょう。

17のつづき

ものすごい力を持っているうんこエスパー翔《しょう》ですが、この力は、人間のうんこいがいのものにも通じるのでしょうか。

まずは、ねんどで本物《ほんもの》そっくりに作ったうんこで実《じっ》けんしました。翔《しょう》がいくら見つめても、うんこは何もかわりませんでした。

次《つぎ》に、動物《どうぶつ》のうんこでためしました。けれども翔《しょう》が手を近づけていくら力をこめても、びくともしませんでした。

やはり人間のうんこでないと通じないようです。しかし、その理由《りゆう》はわかりません。本当にふしぎな力ですね。

① この文章の「問《と》い」は何ですか。

うんこエスパー翔《しょう》の力が、〔人間のうんこ〕いがいのものにも〔通じる〕のかについて。

② 「問い」に対《たい》する「答え」として、どんなことが書かれていますか。

- ねんどで〔(本物そっくりに)作ったうんこ〕にも、〔動物のうんこ〕にも、力が通じないこと。
- 〔人間のうんこ〕でないとだめということ。

17 1 長い文章を読んで、「話題」をおさえながら内ようを読み取る問題です。

① 文章の前半で、うんこエスパー翔の力についてせつ明しています。うまくまとめましょう。

18 1 長い文章を読んで、「問い」とそれに対する「答え」を読み取る問題です。

① 文章の前半の「～でしょうか」に注目します。この文章では、翔の力が人間いがいのうんこでも通じるのかについて問いかけています。

② 本物そっくりに作ったうんこや動物のうんこでためしてみた後、文章のおわりで、「人間のうんこでないと通じない」とまとめています。

28・29 ページ

19 国語

三年生の漢字《かんじ》 ❷

学習日　月　日

1 次《つぎ》の――の漢字の読みを、〔　〕に書きましょう。

① うんこの正しいかざり方を習《なら》う。〔なら〕

② これは、葉《は》っぱを丸めて、中にうんこをつめたものです。〔は〕

③ そろそろ、うんこをふんだという事実《じじつ》を受け止めるべきだ。〔じじつ〕

2 □に漢字を書きましょう。

① 他《ほか》に、うんこについて意見《いけん》のある人はいますか。

② うんこエスパー翔《しょう》は、遠くにあるうんこを感《かん》じることができる。

③ みなさん、じぶん自身《じしん》のうんこを大切にしましょう。

20 国語

おぼえたい言葉《ことば》

学習日　月　日

1 次《つぎ》の文に合う絵は、あ・いのどちらですか。□に書きましょう。

① 高級《こうきゅう》なうんこをもらって感《かん》げきする。　い

② どちらのうんこを持っていこうかまよう。　あ

2 次の文の――の言葉《ことば》の意味に合う文をあ～えからえらんで、□に書きましょう。

① 今、先生がはっきりと「うんこ」と言った。　う

② うんこに向かって走っていくすがたがいさましい。　え

③ かれはさわやかにうんこを見せてくれた。　あ

あ　さっぱりしていて、よい感じをあたえる様子《ようす》。

い　あてにできない様子。

う　えんりょなくつたえる様子。

え　おそれずに立ち向かう様子。

19 三年生で習う漢字の読み書き問題です。取り組んだ学習ノートを見かえしながら、漢字の形や読み方をおぼえるようにしましょう。

2 ② 「感」は、右上の点をわすれないようにしましょう。

20 三年生がみにつけたい言葉の問題です。

1 ① 「感げき」は、「すばらしさに心をうたれ、気持ちが高まる」という意味です。にた意味の言葉に「感動」があります。あわせておぼえましょう。

2 ② 「いさましい」は、「ゆう気がある」「ゆうかんな」と同じ意味の言葉です。ふだんの生活の中でどんどん言葉をつかってみて、みにつけられるようにしましょう。

おまけ

ドリルをさいごまで
やれてすごいのう！

すてきな夏休みを
すごせたようじゃな！

このあとも
すてきな夏を
すごしてくれい！

UNKO DRILL FOR THE SUMMER

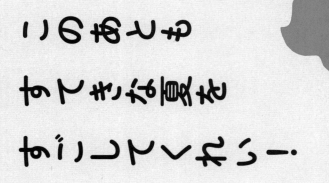

算数のうんこ問題作りのページです。４つの絵を見ながらわり算にできる場面を思いうかべ，うんこ問題を作ってみましょう。たとえば，24mのうんこから３mだけを切ったあとののこりの長さは，「24－３」になるのでわり算にはなりません。「24mのうんこを３mずつ切ると，３mのうんこは何本できるか」というわり算の問題を書くようにしましょう。問題ができたら，答えももとめてみましょう。

漢字のうんこれい文作りのページです。うんこれい文ができたら，おうちの人の前で声に出して読んで，正しい文になっているかや漢字が正しく使えているかをかくにんしてもらいましょう。

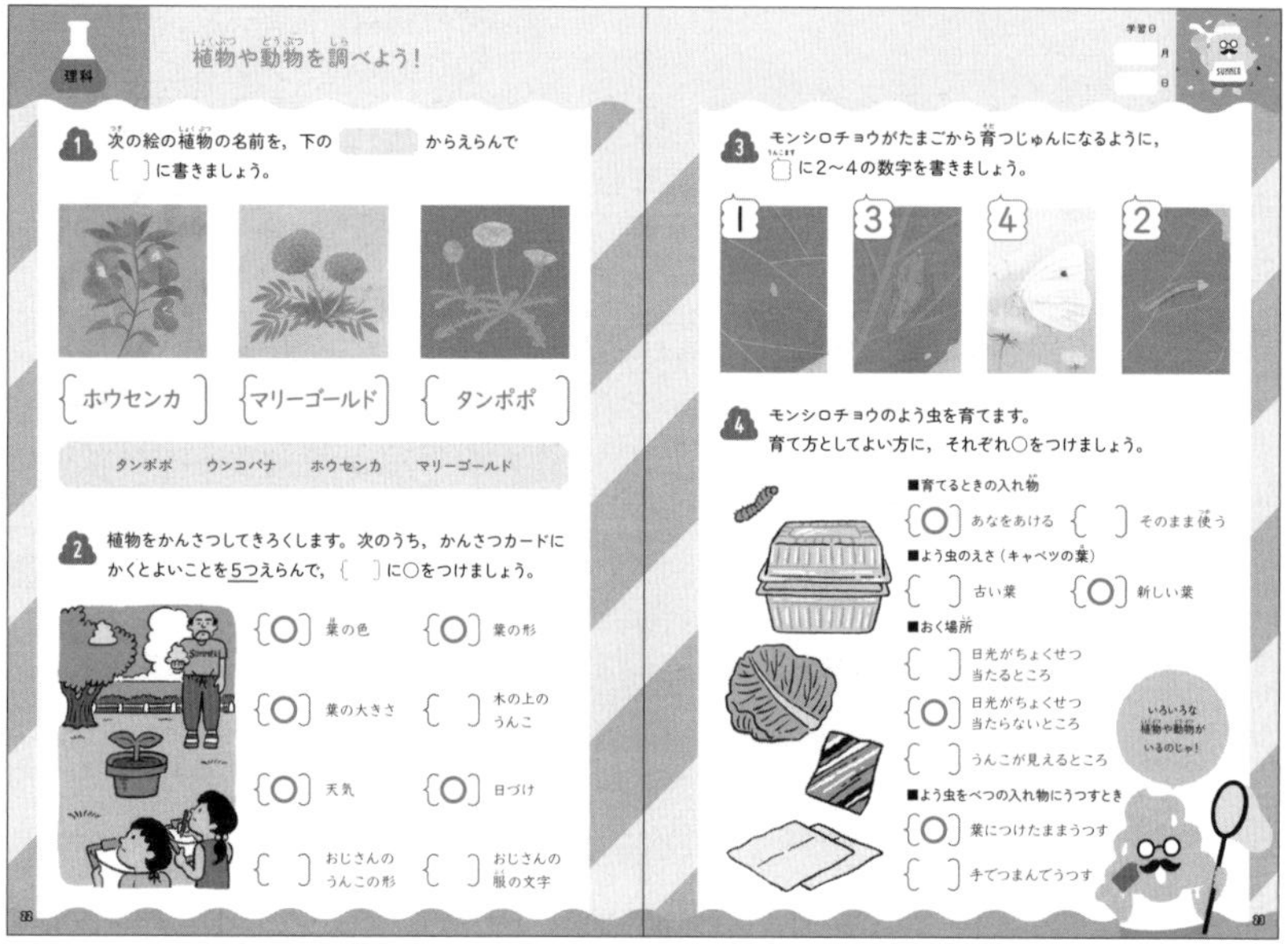

理科

植物《しょくぶつ》や動物《どうぶつ》を調《しら》べよう！

1 次《つぎ》の絵の植物《しょくぶつ》の名前を，下の からえらんで
〔 〕に書きましょう。

〔ホウセンカ〕 〔マリーゴールド〕 〔タンポポ〕

タンポポ　ウンコバナ　ホウセンカ　マリーゴールド

2 植物をかんさつしてきろくします。次のうち，かんさつカードに
かくとよいことを5つえらんで，〔 〕に○をつけましょう。

〔○〕葉《は》の色　〔○〕葉の形
〔○〕葉の大きさ　〔 〕木の上のうんこ
〔○〕天気　〔○〕日づけ
〔 〕おじさんのうんこの形　〔 〕おじさんの服《ふく》の文字

学習日　月　日

3 モンシロチョウがたまごから育《そだ》つじゅんになるように，
□に2～4の数字を書きましょう。

1　3　4　2

4 モンシロチョウのよう虫を育てます。
育て方としてよい方に，それぞれ○をつけましょう。

■育てるときの入れ物
〔○〕あなをあける　〔 〕そのまま使《つか》う
■よう虫のえさ（キャベツの葉《は》）
〔 〕古い葉　〔○〕新しい葉
■おく場所《ばしょ》
〔 〕日光がちょくせつ当たるところ
〔○〕日光がちょくせつ当たらないところ
〔 〕うんこが見えるところ
■よう虫をべつの入れ物にうつすとき
〔○〕葉につけたままうつす
〔 〕手でつまんでうつす

1 春から夏にかけては，いろいろな植物が見られます。その名前やとくちょうをおぼえておきましょう。

ホウセンカ　　…花の色は赤が多く，くきはまっすぐのびる。
マリーゴールド…黄色やオレンジの花が多く，葉はこいみどり色。
タンポポ　　　…草たけが15cmくらいの黄色い花。

2 かんさつカードには，かんさつしたものの名前や，日づけ・場所などをかきます。また，かんさつするときには，ものの色・形・大きさにちゅう目しましょう。

3 モンシロチョウは，たまご→よう虫→さなぎ→せい虫　のじゅんに育ちます。こん虫は，トンボのように，さなぎにならないなかまもいます。

4 モンシロチョウのよう虫を育てるときには，空気の通り道がある入れ物に入れて，新せんなえさをあげましょう。また，モンシロチョウのからだにはちょくせつさわらないように，気をつけましょう。

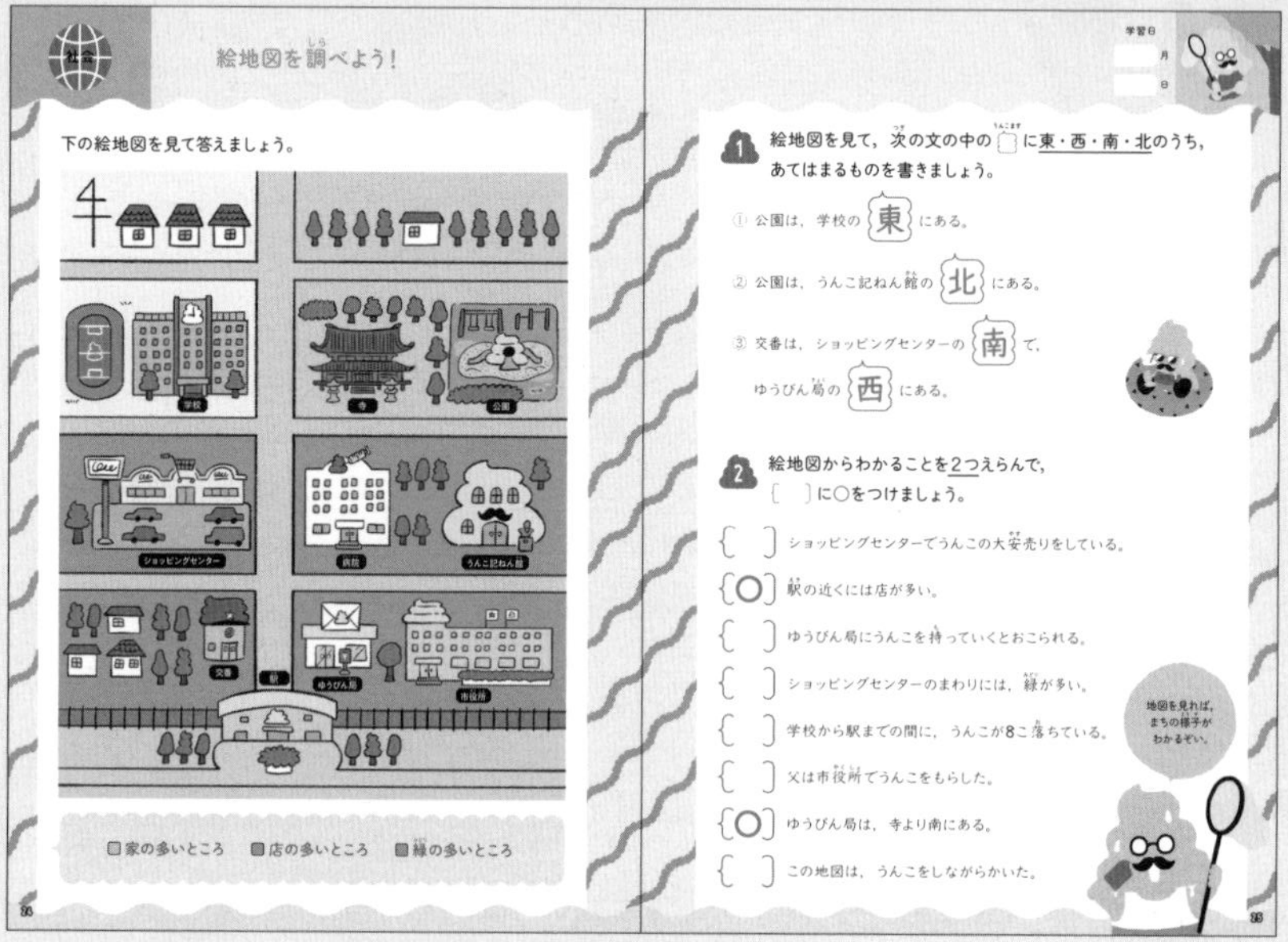

社会

絵地図を調《しら》べよう！

下の絵地図を見て答えましょう。

家の多いところ　店の多いところ　緑《みどり》の多いところ

学習日　月　日

1 絵地図を見て，次《つぎ》の文の中の□に東・西・南・北のうち，
あてはまるものを書きましょう。

① 公園は，学校の〔東〕にある。
② 公園は，うんこ記ねん館《かん》の〔北〕にある。
③ 交番は，ショッピングセンターの〔南〕で，
ゆうびん局《きょく》の〔西〕にある。

2 絵地図からわかることを2つえらんで，
〔 〕に○をつけましょう。

〔 〕ショッピングセンターでうんこの大安《やす》売りをしている。
〔○〕駅《えき》の近くには店が多い。
〔 〕ゆうびん局にうんこを持《も》っていくとおこられる。
〔 〕ショッピングセンターのまわりには，緑《みどり》が多い。
〔 〕学校から駅までの間に，うんこが8こ落《お》ちている。
〔 〕父は市役所《やくしょ》でうんこをもらした。
〔○〕ゆうびん局は，寺より南にある。
〔 〕この地図は，うんこをしながらかいた。

1 絵地図を見て，「東」「西」「南」「北」の方いをつかって，いちをあらわします。絵地図の中にある方い記号から，地図の上が北をさしていることがわかります。①②絵地図の中で公園は，学校の右で，うんこ記ねん館の上にあります。このことから公園は，学校の東で，うんこ記ねん館の北にあると言えます。③絵地図の中で交番は，ショッピングセンターの下で，ゆうびん局の左にあります。このことから交番は，ショッピングセンターの南で，ゆうびん局の西にあると言えます。

2 この絵地図からは，たてものなどのいちのかんけいと，土地のつかわれ方の様子を読み取ることができます。ショッピングセンターでうんこの大安売りをしているかもしれませんが，この絵地図からはわかりません。
絵地図からわかることが書かれている文のうち，正しいものをえらびましょう。

18・19 ページ

17 算数

図に表《あらわ》して考えよう

学習日 月 日

1 天才はかせがうんこ空とばしマシンをかいぞうしています。きのうは高さ785mまでとびました。今日《きょう》は，きのうより187m高くとんだそうです。
今日，うんこは何mの高さまでとびましたか。

きのうの高さ　ちがい　今日の高さ

式 785+187=972

筆算 785 + 187 = 972

答え 972m

2 まん画「うんこ烈風伝《れっぷうでん》」は全部《ぜんぶ》で282かんまで出ています。
これは，「おいどん，うんこでごわす！」のかん数より36かん多いそうです。
「おいどん，うんこでごわす！」は全部で何かんありますか。

「うんこ烈風伝」のかん数　「おいどん，うんこでごわす！」のかん数　ちがい

式 282−36=246

筆算 282 − 36 = 246

答え 246かん

18 算数

あまりのあるわり算 ❶

学習日 月 日

1 「うんこみんなに配《くば》るマン」の家の前に，6人ならんでいます。52このうんこを，6人に同じ数ずつ配りました。
1人《ひとり》に何こずつ配って，何こあまりましたか。

式 52÷6=8あまり4

答え 8こずつ配って，4こあまった。

2 「うんこキャッチ大作戦《だいさくせん》！」というゲームを25回やることができます。
4人で同じ回数ずつ遊《あそ》びます。
1人《ひとり》が何回ずつ遊べて，何回あまりますか。

式 25÷4=6あまり1

答え 6回ずつ遊べて，1回あまる。

3 計算をして，あまりももとめましょう。

① 5÷2=2あまり1　② 16÷3=5あまり1

③ 20÷6=3あまり2　④ 41÷9=4あまり5

17 図をもとにして答えを考える問題です。

1 図を見て，「きのうの高さ=785m」，「ちがい=187m」であることをつかみましょう。 すると，「今日の高さ」は「きのうの高さ」に「ちがい」をたしてもとめるということがわかります。

2 図をよく見て,たすのかひくのかを正しくつかんで答えをもとめましょう。

---

18 あまりのあるわり算の問題です。 わり算にはあまりがある場合があるため，答えにあまりがあるのかどうかや，あまりがいくつなのかなどをまちがえやすいです。 計算をしたら，答えのたしかめである 「わる数×答え+あまり」をかならずしましょう。

1 答えのたしかめは, 6 × 8 ＋ 4 =52となります。

20・21 ページ

19 算数

あまりのあるわり算 ❷

学習日 月 日

1 うんこをビニールぶくろに入れて，さらに海水を3L入れて売ります。海水は17Lあります。うんこと海水が入ったビニールぶくろは何ふくろできて，海水は何Lあまりますか。

式 17÷3=5あまり2

答え 5ふくろできて，2Lあまる。

2 お父《とう》さんは，7秒《びょう》ごとにうんこを1こ出せます。
32秒あると，うんこを何こ出せて，何秒あまりますか。

式 32÷7=4あまり4

答え 4こ出せて，4秒あまる。

3 計算をして，あまりももとめましょう。

① 23÷4=5あまり3　② 54÷8=6あまり6

③ 47÷5=9あまり2　④ 61÷9=6あまり7

20 算数

あまりのあるわり算 ❸

学習日 月 日

1 南極《なんきょく》で超巨大《ちょうきょだい》うんこが13こ見つかりました。
船で1回に2こずつ日本に運《はこ》びます。
何回で全部《ぜんぶ》運べますか。

式 13÷2=6あまり1

答え 7回

2 はばが50cmのたなに，はば8cmのうんこを1列《れつ》にならべています。
うんこは何こならべられますか。

式 50÷8=6あまり2

答え 6こ

3 うちのルールでは，うんこを1回するたびに，まん画を4さつ読めます。
全部で35かんのまん画を読み終《お》わるには，うんこを何回すればよいですか。

式 35÷4=8あまり3

答え 9回

19 あまりのあるわり算の問題です。

2 答えは「4 あまり 4」です。 答えの数とあまりの数が同じになっても，とまどわないようにしましょう。 あまりの数がわる数より大きい場合は，まだわることができるので計算をし直しましょう。

---

20 あまりを答えに入れたり，入れなかったりする問題です。

1 計算の答えは 6 あまり 1 ですが，あまりの 1 こも船で運ぶため，7 回で全部運べることになります。

2 計算の答えは 6 あまり 2 ですが，あまりの 2 cmに 8 cmのうんこはならべられないので，答えは 6 こになります。

3 計算の答えは 8 あまり 3 ですが，あまりの 3 さつを読むためにあと 1 回うんこをするため，答えは 9 回になります。

14・15 ページ

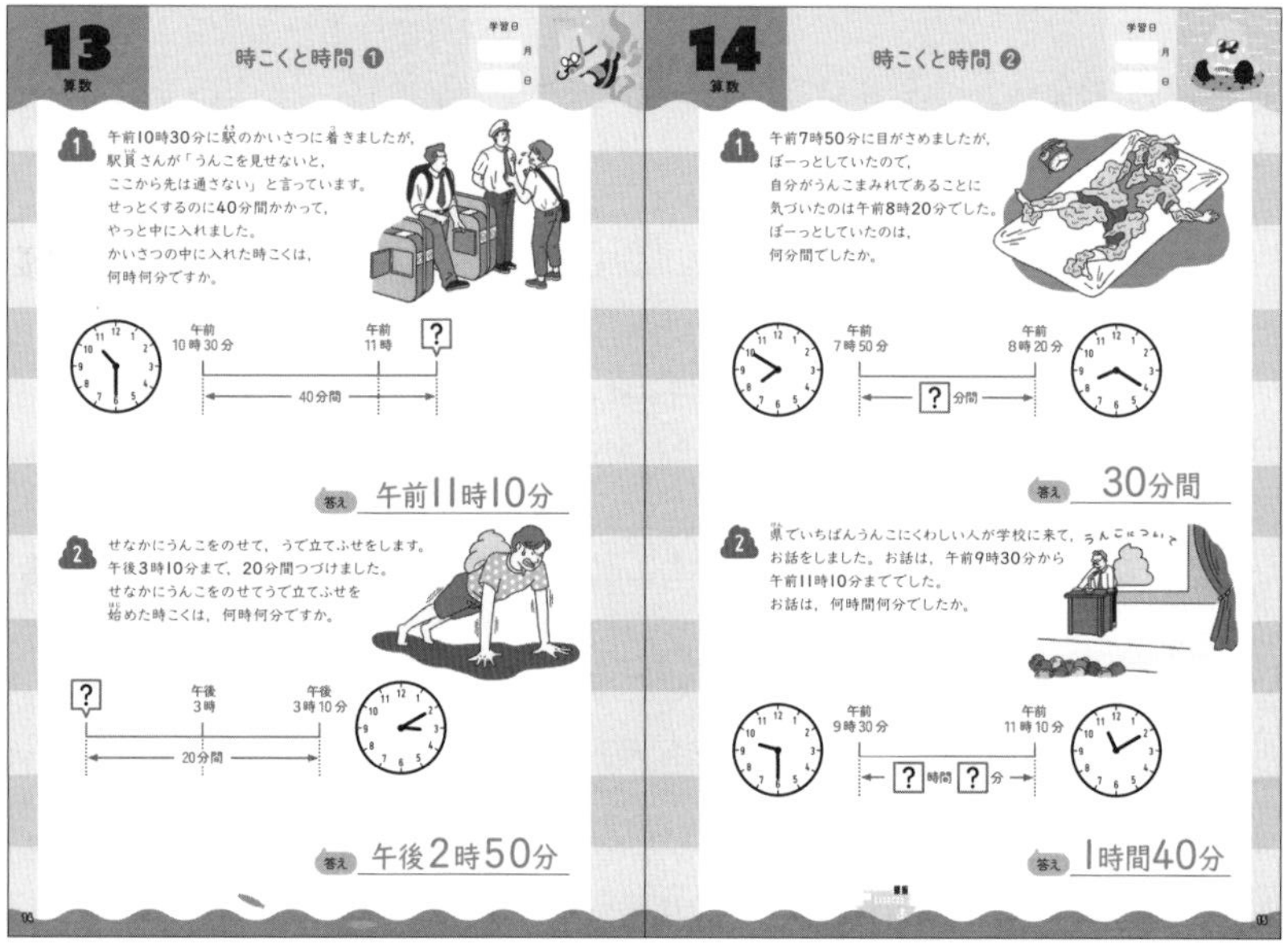

13 算数 時こくと時間 ❶

学習日 月 日

1 午前10時30分に駅《えき》のかいさつに着《つ》きましたが，駅員さんが「うんこを見せないと，ここから先は通さない」と言っています。せっとくするのに40分間かかって，やっと中に入れました。かいさつの中に入れた時こくは，何時何分ですか。

午前10時30分　午前11時　?　40分間

答え 午前11時10分

2 せなかにうんこをのせて，うで立てふせをします。午後3時10分まで，20分間つづけました。せなかにうんこをのせてうで立てふせを始《はじ》めた時こくは，何時何分ですか。

?　午後3時　午後3時10分　20分間

答え 午後2時50分

14 算数 時こくと時間 ❷

学習日 月 日

1 午前7時50分に目がさめましたが，ぼーっとしていたので，自分がうんこまみれであることに気づいたのは午前8時20分でした。ぼーっとしていたのは，何分間でしたか。

午前7時50分　午前8時20分　?分間

答え 30分間

2 県《けん》でいちばんうんこにくわしい人が学校に来て，お話をしました。お話は，午前9時30分から午前11時10分まででした。お話は，何時間何分でしたか。

午前9時30分　午前11時10分　?時間?分

答え 1時間40分

13 時こくをもとめる問題です。

1 まず午前10時30分から午前11時までが何分間で，そこからのこり何分間かかったのかを考えると答えをもとめやすいです。

2 わからなくなった場合は，図や時計を見ながらじっさいの20分前の時こくを考えましょう。また,「午後」と「午前」をまちがえないようにしましょう。

---

14 時間をもとめる問題です。

1 午前７時50分から午前８時までの時間と，午前８時から午前８時20分までの時間とに分けて考えるとわかりやすいです。

2 お話の時間は１時間をこえています。「午前９時30分～午前10時」「午前10時～午前11時」「午前11時～午前11時10分」の３つの時間に分けて考えると，ときやすくなるでしょう。

16・17 ページ

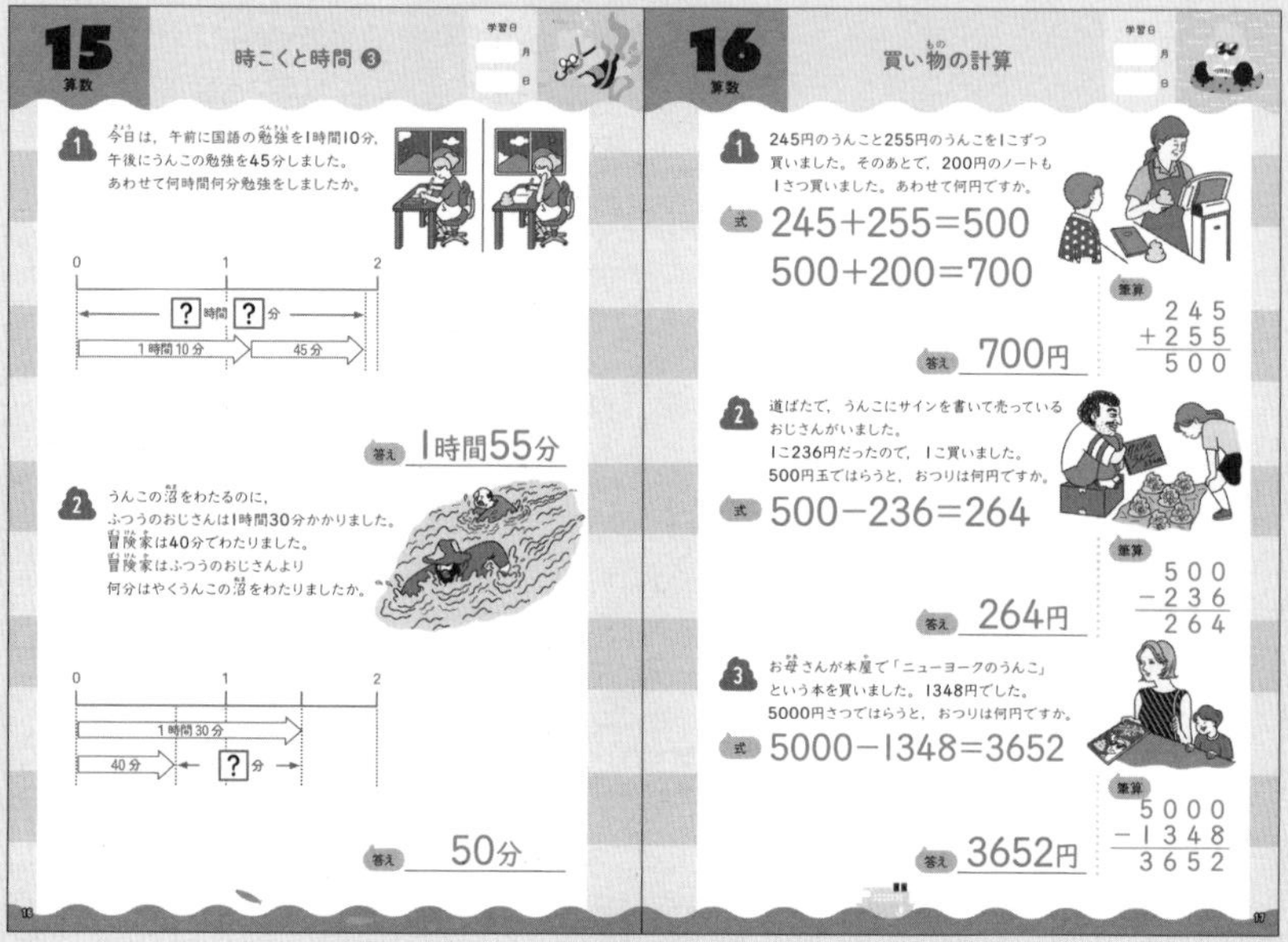

15 算数 時こくと時間 ❸

学習日 月 日

1 今日《きょう》は，午前に国語の勉強《べんきょう》を1時間10分，午後にうんこの勉強を45分しました。あわせて何時間何分勉強をしましたか。

0　1　2　?時間?分　1時間10分　45分

答え 1時間55分

2 うんこの沼《ぬま》をわたるのに，ふつうのおじさんは1時間30分かかりました。冒険家《ぼうけんか》は40分でわたりました。冒険家《ぼうけんか》はふつうのおじさんより何分はやくうんこの沼《ぬま》をわたりましたか。

0　1　2　1時間30分　40分　?分

答え 50分

16 算数 買い物《もの》の計算

学習日 月 日

1 245円のうんこと255円のうんこを1こずつ買いました。そのあとで，200円のノートも1さつ買いました。あわせて何円ですか。

式 245+255=500
500+200=700

筆算 245 + 255 = 500

答え 700円

2 道ばたで，うんこにサインを書いて売っているおじさんがいました。1こ236円だったので，1こ買いました。500円玉ではらうと，おつりは何円ですか。

式 500−236=264

筆算 500 − 236 = 264

答え 264円

3 お母《かあ》さんが本屋《や》で「ニューヨークのうんこ」という本を買いました。1348円でした。5000円さつではらうと，おつりは何円ですか。

式 5000−1348=3652

筆算 5000 − 1348 = 3652

答え 3652円

15 1 勉強した時間の合計をもとめる問題です。図を見ながら考えたり，1時間10分を１時間と10分に分けてから45分とあわせたりすると，わかりやすくなります。

2 かかった時間のちがいをもとめる問題です。まず40分はあと何分で１時間になるのかを考えると，時間のちがいをもとめやすくなります。

---

16 買い物のときによくつかう計算の問題です。

1 １つの式にあらわして計算しても，２つの式に分けて計算してもかまいません。

2・3 おつりが何円かをもとめる問題です。じっさいの買い物でも，おつりが何円になるのか，またはおつりでもらうコインの数が少なくなるにはどんなふうにはらえばよいのかを考えてみましょう。買い物がさらに楽しくなります。

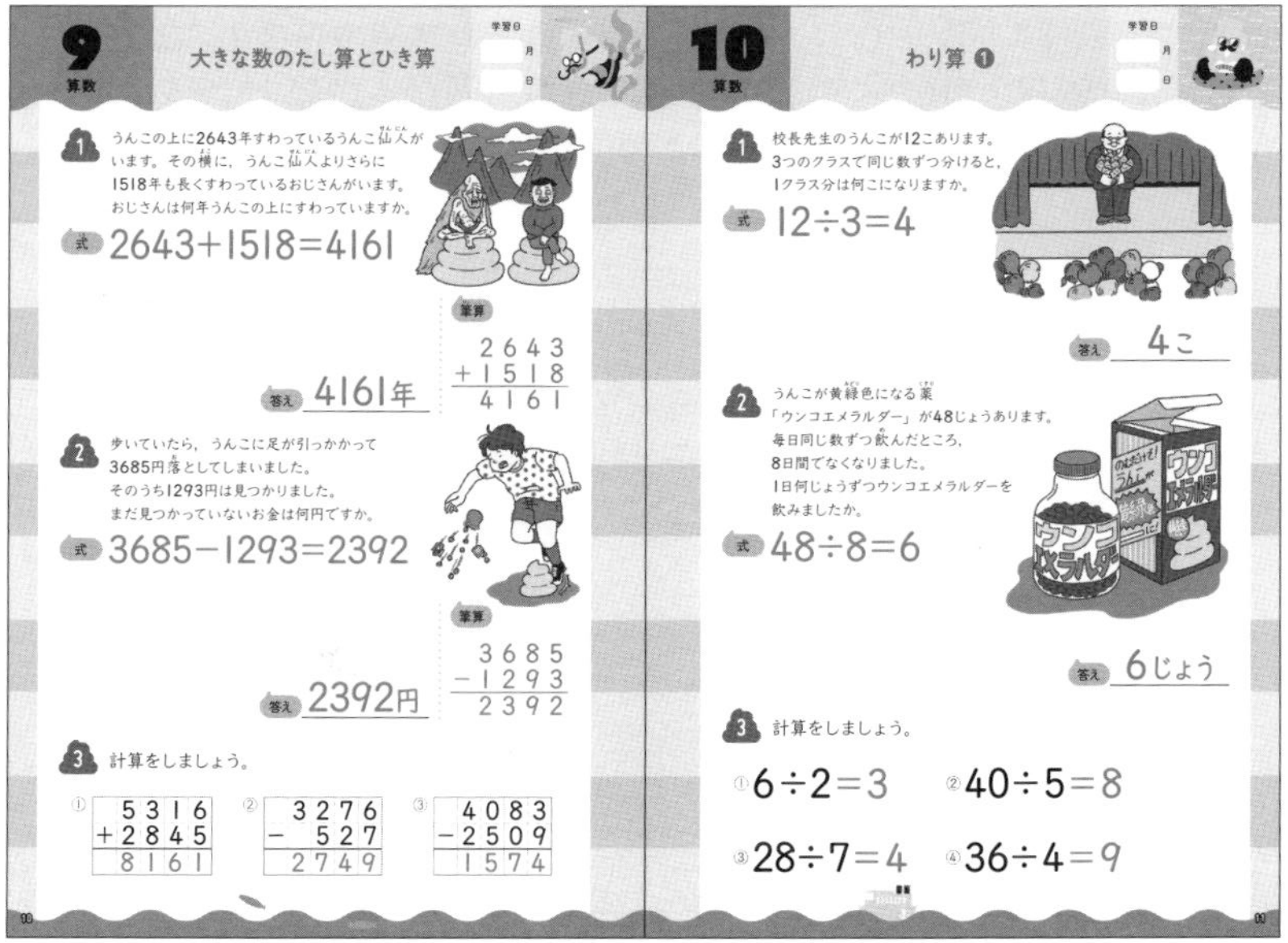

9 算数
大きな数のたし算とひき算
学習日 月 日

1 うんこの上に2643年すわっているうんこ仙人《せんにん》がいます。その横《よこ》に，うんこ仙人《せんにん》よりさらに1518年も長くすわっているおじさんがいます。おじさんは何年うんこの上にすわっていますか。

式 2643+1518=4161

筆算
  2643
+1518
  4161

答え 4161年

2 歩いていたら，うんこに足が引っかかって3685円落《お》としてしまいました。そのうち1293円は見つかりました。まだ見つかっていないお金は何円ですか。

式 3685−1293=2392

筆算
  3685
−1293
  2392

答え 2392円

3 計算をしましょう。

① 5316+2845=8161　② 3276−527=2749　③ 4083−2509=1574

10 算数
わり算 ❶
学習日 月 日

1 校長先生のうんこが12こあります。3つのクラスで同じ数ずつ分けると，1クラス分は何こになりますか。

式 12÷3=4

答え 4こ

2 うんこが黄緑《おうりょく》色になる薬《くすり》「ウンコエメラルダー」が48じょうあります。毎日同じ数ずつ飲《の》んだところ，8日間でなくなりました。1日何じょうずつウンコエメラルダーを飲みましたか。

式 48÷8=6

答え 6じょう

3 計算をしましょう。

① 6÷2=3　② 40÷5=8
③ 28÷7=4　④ 36÷4=9

9 4けたのたし算やひき算の問題です。4けたの場合も，3けたのときと同じように計算します。数が大きくなっているので，今は何の位（くらい）の計算をしているのかをしっかりたしかめながらすすめましょう。くり上がりやくり下がりの回数がふえるので，メモをとりながら筆算をしましょう。

---

10 3年生ではじめて学習する，わり算の問題です。

1 12このうんこを3つのクラスで同じ数ずつ分けるので，1クラス分のうんこの数は12÷3でもとめられます。答えがわからないときは，じっさいに12このうんこをかいて，それを同じ数ずつ3つに分けてみるとよいでしょう。

2 48じょうの薬を8日間同じ数ずつ飲むので，48÷8で1日に飲んだ薬の数がわかります。

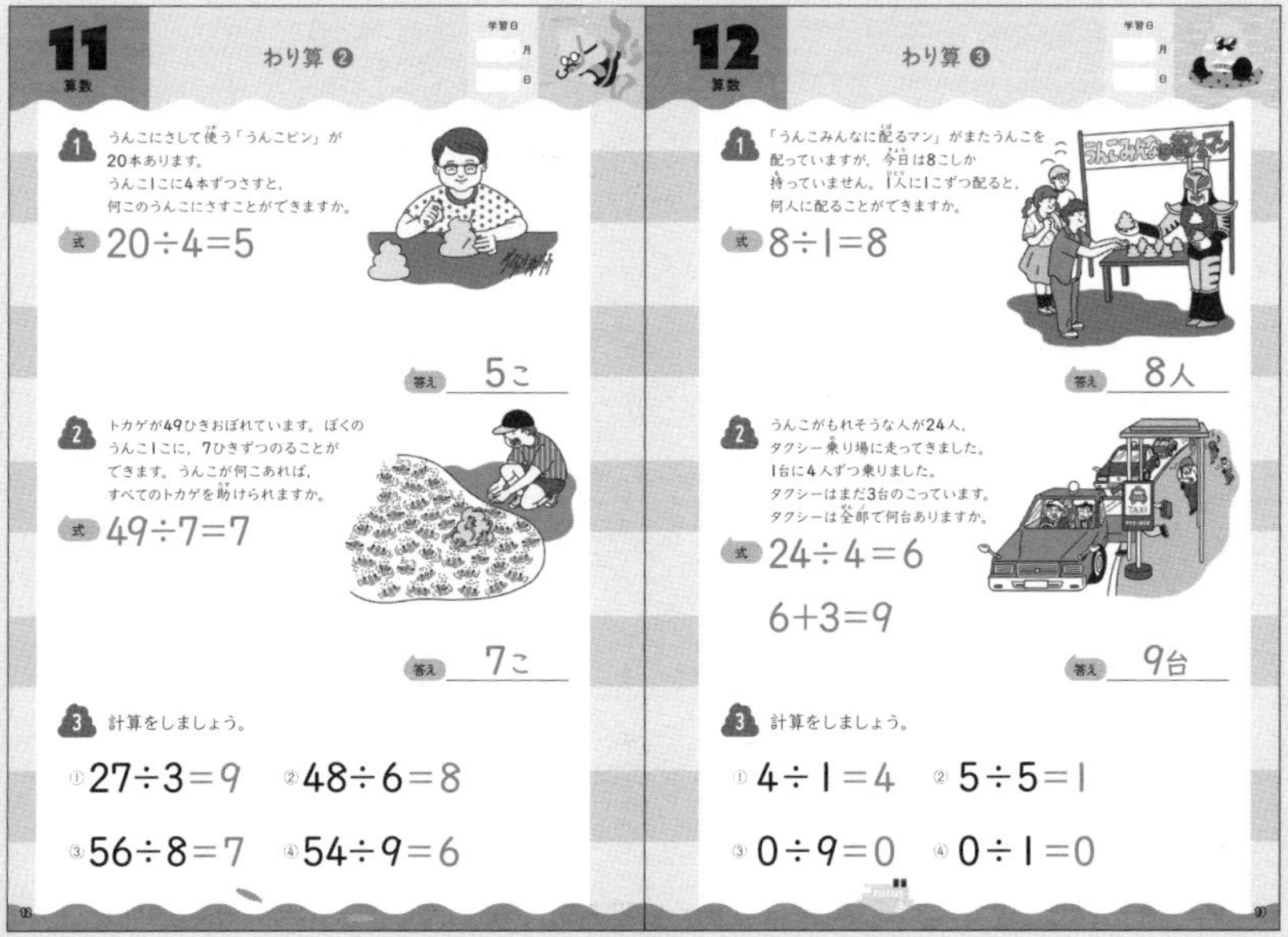

11 算数
わり算 ❷
学習日 月 日

1 うんこにさして使《つか》う「うんこピン」が20本あります。うんこ1こに4本ずつさすと，何このうんこにさすことができますか。

式 20÷4=5

答え 5こ

2 トカゲが49ひきおぼれています。ぼくのうんこ1こに，7ひきずつのることができます。うんこが何こあれば，すべてのトカゲを助《たす》けられますか。

式 49÷7=7

答え 7こ

3 計算をしましょう。

① 27÷3=9　② 48÷6=8
③ 56÷8=7　④ 54÷9=6

12 算数
わり算 ❸
学習日 月 日

1 「うんこみんなに配《くば》るマン」がまたうんこを配っていますが，今日《きょう》は8こしか持《も》っていません。1人《ひとり》に1こずつ配ると，何人に配ることができますか。

式 8÷1=8

答え 8人

2 うんこがもれそうな人が24人，タクシー乗《の》り場に走ってきました。1台に4人ずつ乗りました。タクシーはまだ3台のこっています。タクシーは全部《ぜんぶ》で何台ありますか。

式 24÷4=6
6+3=9

答え 9台

3 計算をしましょう。

① 4÷1=4　② 5÷5=1
③ 0÷9=0　④ 0÷1=0

11 1 20本あるうんこピンを4本ずつ使うので，20÷4で，うんこ1こにさすことのできるうんこピンの数がわかります。

2 49ひきのトカゲが7ひきずつうんこにのるので，49÷7で助けるのにひつようなうんこの数がわかります。答えをもとめたら，「わる数×答え」の計算をして，わられる数と同じ数になるかをたしかめましょう。

---

12 1 わる数が1になるわり算の問題です。8このうんこを1こずつ配るので，8人に配ることができます。

2 わり算とたし算を組み合わせた問題です。どんなことを聞かれているのかをよく考えて，24÷4を計算した後に答えの6とのこっているタクシーの3をたすのをわすれないようにしましょう。

3 ③④ わられる数が0のときは，答えは0になります。

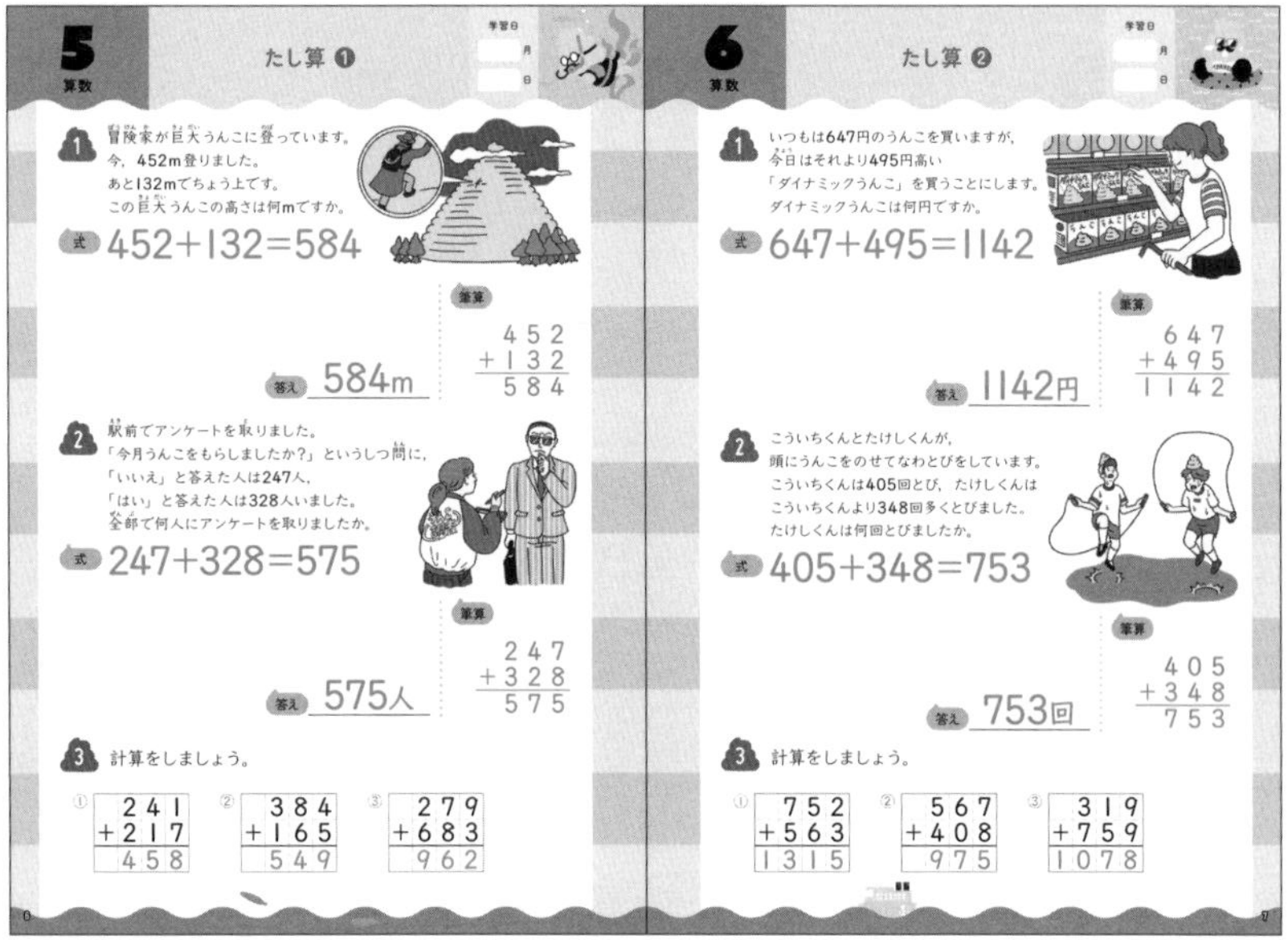

5 算数 たし算 ❶ 学習日 月 日

1 冒険家《ぼうけんか》が巨大《きょだい》うんこに登《のぼ》っています。
今，452m登りました。
あと132mでちょう上です。
この巨大《きょだい》うんこの高さは何mですか。

式 452+132=584

筆算
452
+132
584

答え 584m

2 駅《えき》前でアンケートを取《と》りました。
「今月うんこをもらしましたか?」というしつ問《もん》に，
「いいえ」と答えた人は247人，
「はい」と答えた人は328人いました。
全部《ぜんぶ》で何人にアンケートを取りましたか。

式 247+328=575

筆算
247
+328
575

答え 575人

3 計算をしましょう。
① 241 + 217 = 458 ② 384 + 165 = 549 ③ 279 + 683 = 962

6 算数 たし算 ❷ 学習日 月 日

1 いつもは647円のうんこを買いますが，
今日《きょう》はそれより495円高い
「ダイナミックうんこ」を買うことにします。
ダイナミックうんこは何円ですか。

式 647+495=1142

筆算
647
+495
1142

答え 1142円

2 こういちくんとたけしくんが，
頭にうんこをのせてなわとびをしています。
こういちくんは405回とび，たけしくんは
こういちくんより348回多くとびました。
たけしくんは何回とびましたか。

式 405+348=753

筆算
405
+348
753

答え 753回

3 計算をしましょう。
① 752 + 563 = 1315 ② 567 + 408 = 975 ③ 319 + 759 = 1078

5 3けたのたし算についての問題です。
1 数が3けたになっても，2けたのときとやり方はかわりません。筆算を使って位(くらい)をそろえて，同じ位どうしで計算するようにしましょう。
2 くり上がりがある場合でも，2けたのたし算と同じように，くり上がった1に気をつけて計算しましょう。

---

6 3けたのたし算についての問題です。
1 百の位のたし算が10をこえるので，答えが4けたになります。
2 たされる数の十の位が0になっています。一の位の計算が10をこえるので，十の位の計算は「0+4」ではなく「0+4+1」であることにちゅういしましょう。

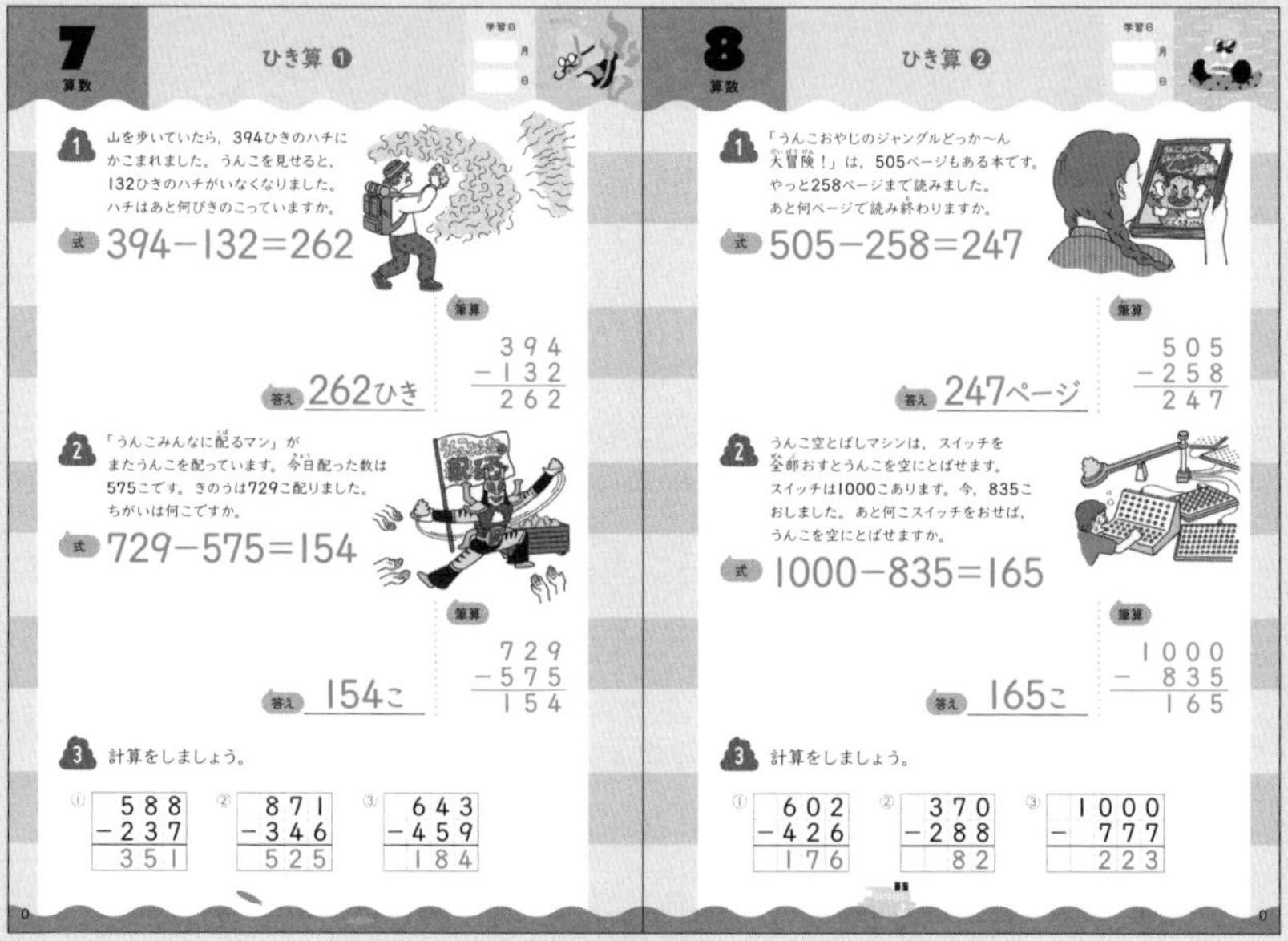

7 算数 ひき算 ❶ 学習日 月 日

1 山を歩いていたら，394ひきのハチに
かこまれました。うんこを見せると，
132ひきのハチがいなくなりました。
ハチはあと何びきのこっていますか。

式 394−132=262

筆算
394
−132
262

答え 262ひき

2 「うんこみんなに配《くば》るマン」が
またうんこを配っています。今日《きょう》配った数は
575こです。きのうは729こ配りました。
ちがいは何こですか。

式 729−575=154

筆算
729
−575
154

答え 154こ

3 計算をしましょう。
① 588 − 237 = 351 ② 871 − 346 = 525 ③ 643 − 459 = 184

8 算数 ひき算 ❷ 学習日 月 日

1 「うんこおやじのジャングルどっか〜ん
大冒険《だいぼうけん》!」は，505ページもある本です。
やっと258ページまで読みました。
あと何ページで読み終《お》わりますか。

式 505−258=247

筆算
505
−258
247

答え 247ページ

2 うんこ空とばしマシンは，スイッチを
全部《ぜんぶ》おすとうんこを空にとばせます。
スイッチは1000こあります。今，835こ
おしました。あと何こスイッチをおせば，
うんこを空にとばせますか。

式 1000−835=165

筆算
1000
−835
165

答え 165こ

3 計算をしましょう。
① 602 − 426 = 176 ② 370 − 288 = 82 ③ 1000 − 777 = 223

7 3けたのひき算についての問題です。
1 ひき算でも，3けたの計算は2けたの計算と同じやり方でときます。筆算を使って位をそろえて，同じ位どうしで計算することを心がけましょう。
2 くり下がりがある場合でも，2けたのひき算と同じように計算します。くり下がりをした百の位の計算に気をつけましょう。

---

8 1 ひかれる数の十の位に0が入っています。一の位は5−8で計算できないので，十の位から1くり下げます。十の位は0なので，百の位からさらに1くり下げることになります。
3 ③10−7は3ですが，1000−777の答えは333ではありません。計算をしたら，「答え+ひく数」の計算をして，ひかれる数と同じ数になるかどうかのたしかめをしましょう。

2・3 ページ

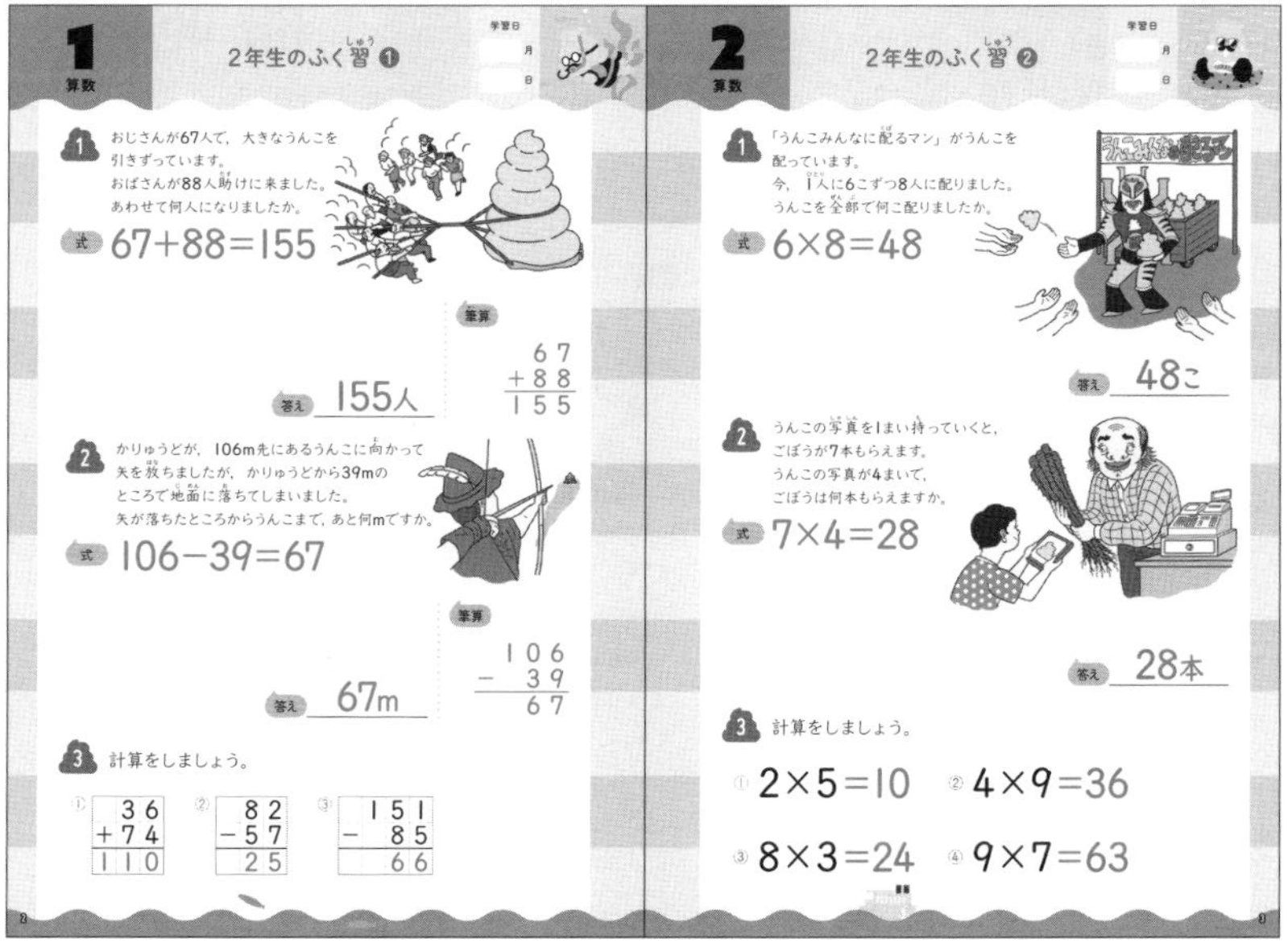

1 算数

2年生のふく習《しゅう》 ❶

学習日 月 日

1 おじさんが67人で，大きなうんこを引きずっています。おばさんが88人助《たす》けに来ました。あわせて何人になりましたか。

式 67+88=155

筆算

$$\begin{array}{r} 67 \\ +88 \\ \hline 155 \end{array}$$

答え 155人

2 かりゅうどが，106m先にあるうんこに向《む》かって矢を放《はな》ちましたが，かりゅうどから39mのところで地面《じめん》に落《お》ちてしまいました。矢が落ちたところからうんこまで，あと何mですか。

式 106−39=67

筆算

$$\begin{array}{r} 106 \\ -\ 39 \\ \hline 67 \end{array}$$

答え 67m

3 計算をしましょう。

① $\begin{array}{r} 36 \\ +74 \\ \hline 110 \end{array}$　② $\begin{array}{r} 82 \\ -57 \\ \hline 25 \end{array}$　③ $\begin{array}{r} 151 \\ -\ 85 \\ \hline 66 \end{array}$

2 算数

2年生のふく習《しゅう》 ❷

学習日 月 日

1 「うんこみんなに配《くば》るマン」がうんこを配っています。今，1人《ひとり》に6こずつ8人に配りました。うんこを全部《ぜんぶ》で何こ配りましたか。

式 6×8=48

答え 48こ

2 うんこの写真《しゃしん》を1まい持《も》っていくと，ごぼうが7本もらえます。うんこの写真が4まいで，ごぼうは何本もらえますか。

式 7×4=28

答え 28本

3 計算をしましょう。

① 2×5=10　② 4×9=36

③ 8×3=24　④ 9×7=63

1 ２年生のたし算やひき算のふく習問題です。

1 くり上がりの１をわすれないようにして計算しましょう。

2 十の位（くらい）から１くり下がるときに十の位の数が０の場合では，百の位から１くり下げて計算します。十の位の計算は９－３になることに気をつけましょう。

---

2 ２年生のかけ算のふく習問題です。

1 ６このうんこを８人に配ったときのうんこの数をもとめるので，式は「６×８」になります。

2 ７のだんのかけ算は，答えをまちがえやすいです。九九を声に出して言いながら，７のだんをしっかりとおぼえられるようにしましょう。

4・5 ページ

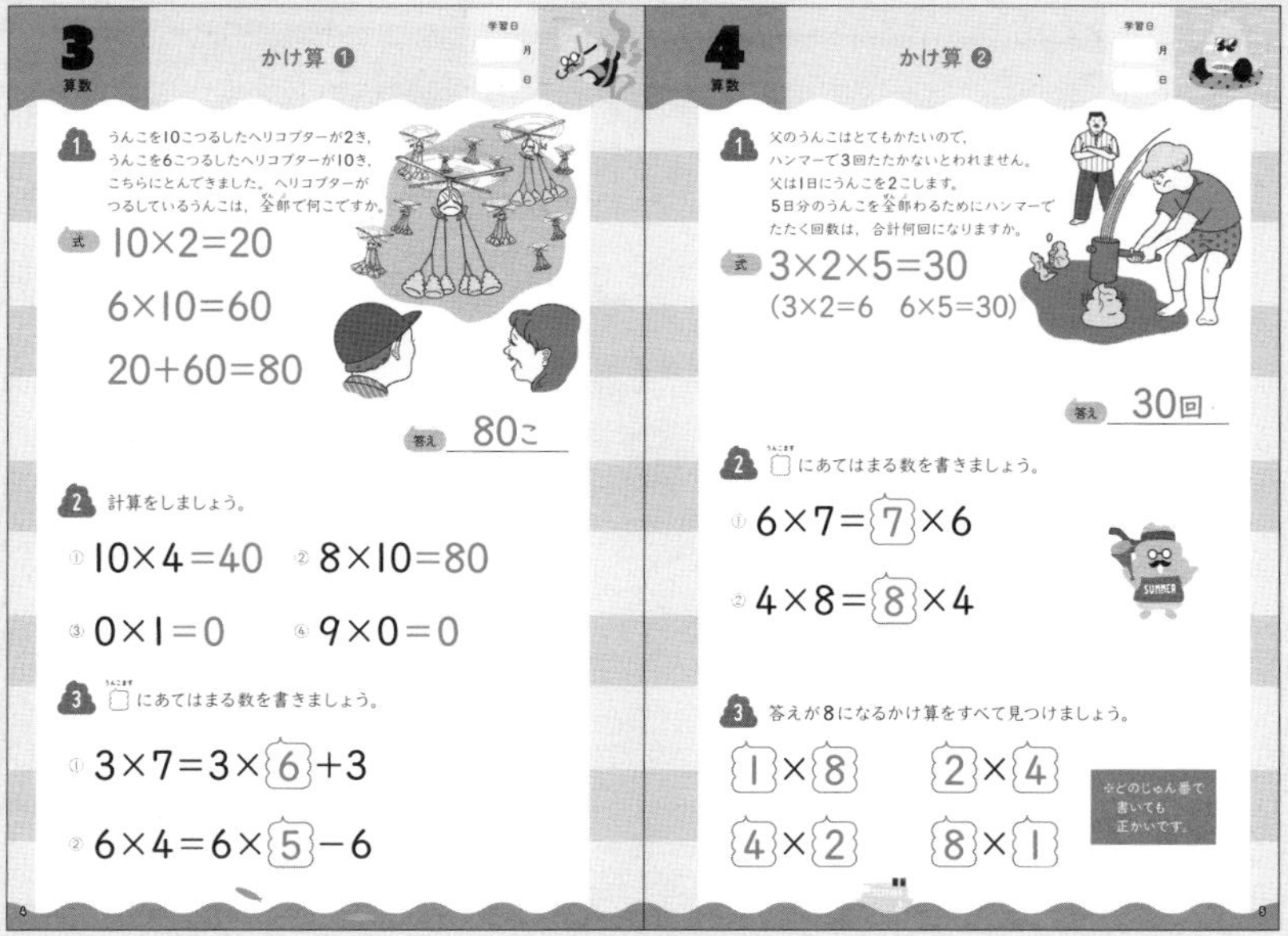

3 算数

かけ算 ❶

学習日 月 日

1 うんこを10こつるしたヘリコプターが2き，うんこを6こつるしたヘリコプターが10き，こちらにとんできました。ヘリコプターがつるしているうんこは，全部《ぜんぶ》で何こですか。

式 10×2=20

6×10=60

20+60=80

答え 80こ

2 計算をしましょう。

① 10×4=40　② 8×10=80

③ 0×1=0　④ 9×0=0

3 □《うんこます》にあてはまる数を書きましょう。

① 3×7=3×6+3

② 6×4=6×5−6

4 算数

かけ算 ❷

学習日 月 日

1 父のうんこはとてもかたいので，ハンマーで3回たたかないとわれません。父は1日にうんこを2こします。5日分のうんこを全部《ぜんぶ》わるためにハンマーでたたく回数は，合計何回になりますか。

式 3×2×5=30

(3×2=6　6×5=30)

答え 30回

2 □《うんこます》にあてはまる数を書きましょう。

① 6×7=7×6

② 4×8=8×4

3 答えが8になるかけ算をすべて見つけましょう。

1×8　2×4

4×2　8×1

※どのじゅん番で書いても正かいです。

3 10や０などのかけ算の問題です。

1 うんこを10こつるしたヘリコプターは２きなので，うんこの数は10×２=20（こ）です。うんこを６こつるしたヘリコプターは10きなので，うんこの数は６×10=60（こ）です。あわせると，全部で80こつるしているとわかります。

2 ③④ ０のかけ算では，答えがかならず０になります。

---

4 1 ハンマーで３回たたくうんこが１日に２こあり，５日分をわるので，式は３×２×５です。２つの式に分けて答えをもとめてもかまいません。

3 答えが８になるかけ算九九の式は４つあります。かけ算のきまりではかける数とかけられる数を入れかえても同じ答えになるので，１×８を見つけたら８×１も同じ答えになることをすぐに見つけましょう。

うんこドリルシリーズ

日本一楽しい夏休みドリル

うんこ夏休みドリル

答えとアドバイス

小学3年生

わかりやすい縮《しゅく》刷《さつ》解《かい》答《とう》！

とき終《お》わったら答え合わせしよう！

算数・理科・社会

別《べっ》冊《さつ》

笑《わら》って遊《あそ》べる！

うんこ学《がく》園《えん》に登《とう》録《ろく》しよう！

うんこ学園が楽《たの》しい理《り》由《ゆう》

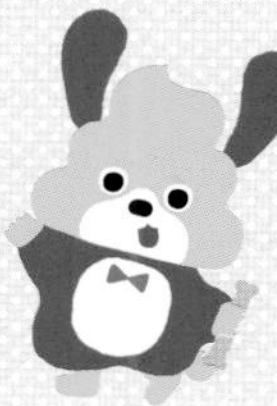

その1

楽《たの》しく学《まな》んで、楽《たの》しく遊《あそ》べる！
学習《がくしゅう》ゲームが登場《とうじょう》！

「うんこ学園《がくえん》」には、うんこドリルが進化《しんか》した
「まなび」「あそび」コンテンツがあるよ！
うんこで笑《わら》って楽《たの》しく勉強《べんきょう》しよう！

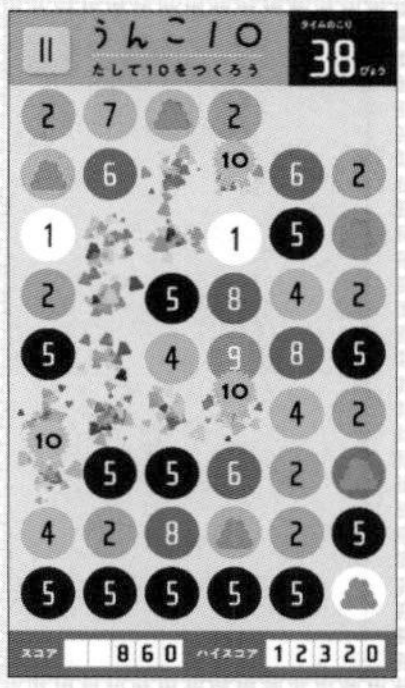

うんこ10

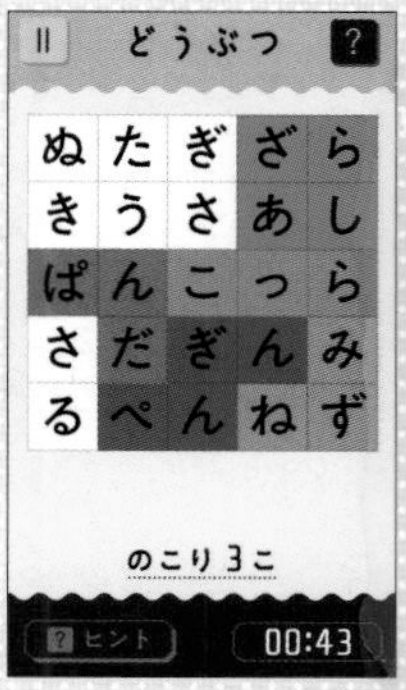

なまえさがし

その2

ブリーをためて、オリジナルの
ブリーグッズをゲットしよう！

「うんこ学園《がくえん》」でためたブリー（ポイント）は、
オリジナルのブリーグッズと交《こう》かんできるよ！

※ブリーグッズ／デザインは変わることがあります。

うんこステッカーもりあわせ

うんこ文《ぶん》ぼうぐセット

ひらけ！ 金《きん》のうんことけい

うんこリュック

その3

いろいろなコンテンツが
たくさんあるよ！

うんこドリルが
買《か》えるよ！

選《えら》ばれると「うんこ
学園《がくえん》」にのるよ！

うんこドリル漢字《かんじ》
動画《どうが》で登場《とうじょう》！

KKN

unkogakuen.com

うんこ学園

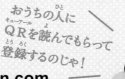

LINE《ライン》公式《こうしき》アカウントもチェック

LINE《ライン》公式《こうしき》
アカウントで
最新情報《さいしんじょうほう》を
配信中《はいしんちゅう》！

こBooks

うんこ先生《せんせい》と楽《たの》しく学《まな》べる
"うんこの本《ほん》"も大《だい》好《こう》評《ひょう》発《はつ》売《ばい》中《ちゅう》!

\ シールをはるだけでお勉強《べんきょう》ができる絵本《えほん》シールブック /

シールでおけいこシリーズ

総合《そうごう》　かず　もじ　ちえ

2さい　3さい　さい

\ 一緒《いっしょ》に使《つか》うと楽《たの》しい /

うんこ文房具《ぶんぼうぐ》

うんこノート

ひらがな・カタカナノート
うんこマス 28mm

方眼《ほうがん》ノート
グリッド罫 7mm

かん字《じ》ノート小《しょう》
うんこマス 18mm

罫線《けいせん》ノート
罫線 7mm

かん字《じ》ノート大《だい》
うんこマス 23mm

無地《むじ》ノート

\ 脳《のう》の働《はたら》きをよくする! /

うんこおりがみ

\ うんこ好《す》きにはたまらない! /

うんこシールブック

小学生向け

\ ひらめき力《りょく》が身《み》につく! /

うんこなぞなぞ

4さい～6さい　1ねんせい　2年生《ねんせい》

\ 科学的《かがくてき》思考力《しこうりょく》が身《み》につく! /

うんこドリル 空想科学読本《くうそうかがくどくほん》

\ マンガで身《み》につく! /

マンガ うんこ ことわざ辞典《じてん》

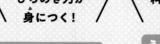

教科書対照表 小学3年生 算数

うんこ夏休みドリル		教科書ページ					
回数	単元名	東京書籍 新しい算数	啓林館 わくわく算数	学校図書 小学校　算数	教育出版 小学算数	日本文教出版 小学算数	大日本図書 たのしい算数
3	かけ算	8～23（上）	10～17（上）	12～25（上）	11～24（上）	12～22（上）	16～30
4							
5	たし算	44、45（上）	36～39（上）	56～61（上）	38～44（上）	48～51（上）	32～36
6							
7	ひき算	47～49（上）	40～44（上）	62～67（上）	45～48（上）	52～55（上）	37～41
8							
9	大きなたし算とひき算	50、51（上）	45（上）	68（上）	44、49（上）	56、57（上）	36、41
10	わり算	30～42（上）	18～31（上）	36～53（上）	56～69（上）	24～36（上）	74～86
11							
12							
13	時こくと時間	24～29（上）	50～55（上）	26～35（上）	26～37（上）	38～46（上）	66～73
14							
15							
16	買い物の計算	—	—	—	—	—	—
17	図に表して考えよう	—	32～35（上）	—	—	—	—
18	あまりのあるわり算	82～91（上）	102～113（上）	118～127（上）	97～107（上）	84～95（上）	88～99
19							
20							

うんこドリル

東京大学との共同研究で学力向上・学習意欲向上が実証されました！

① 学習効果UP！

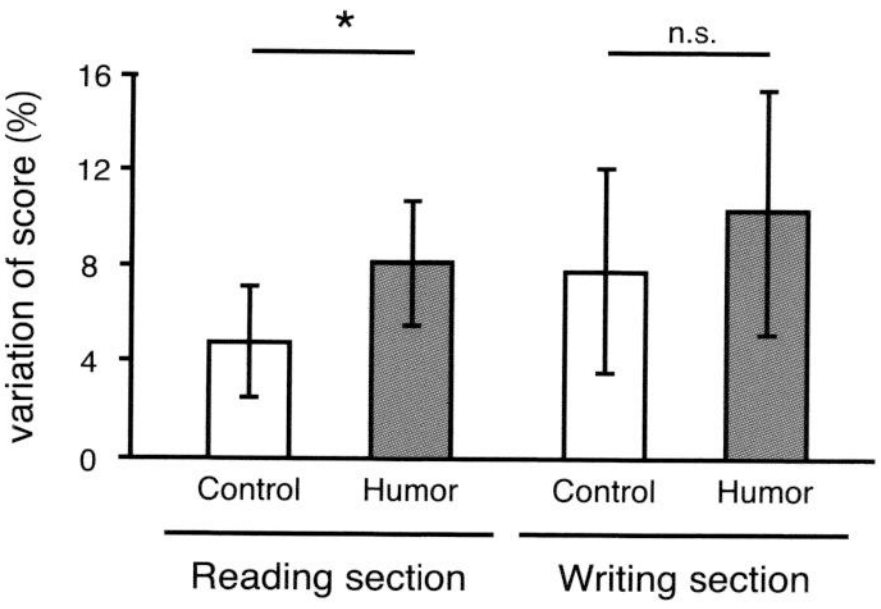

※「うんこドリル」とうんこではないドリルの、正答率の上昇を示したもの。
Control＝うんこではないドリル　／　Humor＝うんこドリル
Reading section＝読み問題　／　Writing section＝書き問題

オレンジのグラフがうんこドリルの学習効果なのじゃ！

うんこドリルで学習した場合の成績の上昇率は、うんこではないドリルで学習した場合と比較して**約60%高い**という結果になったのじゃ！

② 学習意欲UP！

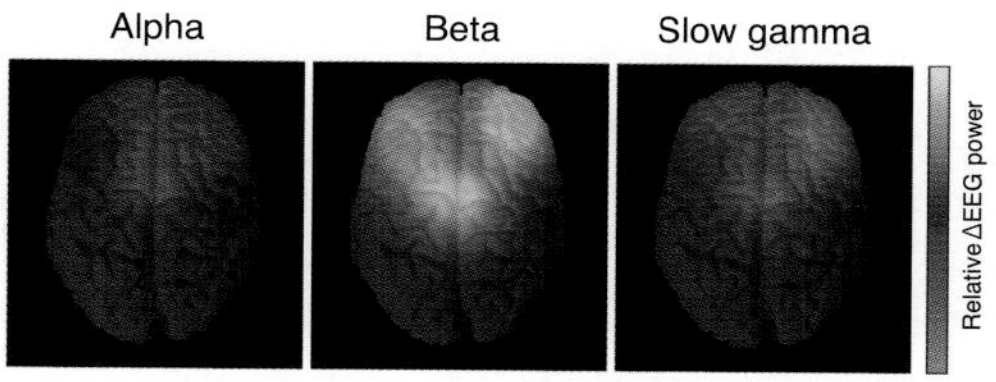

※「うんこドリル」とうんこではないドリルの閲覧時の、脳領域の活動の違いをカラーマップで表したもの。左から「アルファ波」「ベータ波」「スローガンマ波」。明るい部分ほど、うんこドリル閲覧時における脳波の動きが大きかった。

明るくなっているところが、うんこドリルが優位に働いたところなのじゃ！

うんこドリルで学習した場合**「記憶の定着」に効果的である**ことが確認されたのじゃ！

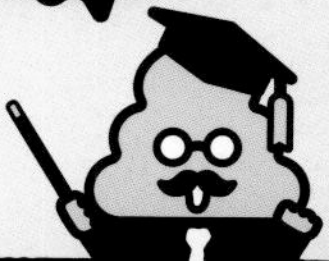

共同研究　東京大学薬学部　池谷裕二教授

1998年に東京大学にて薬学博士号を取得。2002〜2005年にコロンビア大学（米ニューヨーク）に留学をはさみ、2014年より現職。専門分野は神経生理学で、脳の健康について探究している。また、2018年よりERATO脳AI融合プロジェクトの代表を務め、AIチップの脳移植による新たな知能の開拓を目指している。
文部科学大臣表彰 若手科学者賞（2008年）、日本学術振興会賞（2013年）、日本学士院学術奨励賞（2013年）などを受賞。

著書：『海馬』『記憶力を強くする』『進化しすぎた脳』
論文：Science 304:559、2004、同誌 311:599、2011、同誌 335:353、2012

先生のコメントはウラへ ➡

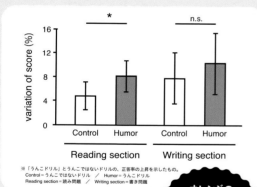

考察　池谷裕二教授より

教育において、ユーモアは児童・生徒を学習内容に注目させるために広く用いられます。先行研究によれば、ユーモアを含む教材では、ユーモアのない教材を用いたときよりも学習成績が高くなる傾向があることが示されていました。これらの結果は、ユーモアによって児童・生徒の注意力がより強く喚起されることで生じたものと考えられますが、ユーモアと注意力の関係を示す直接的な証拠は示されてきませんでした。そこで本研究では９～10歳の子どもを対象に、電気生理学的アプローチを用いて、ユーモアが注意力に及ぼす影響を評価することとしました。

本研究では、ユーモアが脳波と記憶に及ぼす影響を統合的に検討しました。心理学の分野では、ユーモアが学習促進に役立つことが提唱されていますが、ユーモアが学習における集中力にどのような影響を与え、学習を促すのかについてはほとんど知られていません。しかし、記憶のエンコーディングにおいて遅いγ帯域の脳波が増加することが報告されていることと、今回我々が示した結果から、ユーモアは遅いγ波を増強することで学習促進に有用であることが示唆されます。
さらに、ユーモア刺激によるβ波強度の増加も観察されました。β波の活動は視覚的注意と関連していることが知られていること、集中力の程度は体の動きで評価できることから、本研究の結果からは、ユーモアがβ波強度の増加を介して集中度を高めている可能性が考えられます。

これらの結果は、ユーモアが学習に良い影響を与えるという instructional humor processing theory を支持するものです。

※ J. Neuronet., 1028:1-13, 2020　http://neuronet.jp/jneuronet/007.pdf

東京大学薬学部　池谷裕二教授